プール・ライフガーディング教本

POOL LIFEGUARDING

特定非営利活動法人 日本ライフセービング協会 編
Japan Lifesaving Association

大修館書店

■執筆者等紹介

●監修／執筆

上野 真宏　JLAスーパーバイザー
　　　　　日本ライフガード協会事務局長を経て、日本ライフセービング協会設立に尽力し、事業部長、指導委員長、事務局長、理事を務める。JLAアカデミーを設置し、指導員のためのトレーニングプログラムとJLAウォーターセーフティー・メソッドを作成。1965年生まれ、国際武道大卒。

中見 隆男　JLAスーパーバイザー／JLAライフメンバー
　　　　　日本ライフガード協会副会長を経て、日本ライフセービング協会設立に尽力し、Examiner & Board Member, Sydney Branch, SLSA of Australia、JLA技術局長、専務理事を務める。ライフセービング技術と海外事情に精通。独自のプールトレーニングプログラムを開発し、JLAウォーターセーフティー・メソッドを作成。1948年生まれ、日本体育大卒。元 東海大学海洋学部准教授。

●監修

足立 正俊　JLAスーパーバイザー
小峯 力　　JLAスーパーバイザー
豊田 勝義　JLAスーパーバイザー
中川 儀英　JLAメディカルダイレクター／
　　　　　東海大学医学部付属病院高度救命救急センター 次長（第10章）
千葉 景子　JLA顧問弁護士（第11章）

●編集協力

山本 利春　JLAスーパーバイザー
岡澤 悟一　JLA指導委員
佐藤 義明　成蹊大学法学部 教授（第11章）

●モデル

伊藤 弦太、岩井 奈穂、榎本 宏暉、岡村 夏美、小川 祐樹、亀ノ上 僚仁、川嶋 望生、木村 岳人、久保 亮介、園田 俊、棚橋 亮太、坪井 あかね、常世田 太郎、中島 成輝、名須川 開渡、西村 知晃、藤井 蓮子、間根山 花子、森 良祐

●撮影協力

松永 祐、御宿ウォーターパーク、
多摩市立温水プール・アクアブルー多摩
和気鵜飼谷温泉屋内プール

●協　力

流通経済大学、国際武道大学、東海大学、
九段中等教育学校、千葉県御宿町、
㈱ジェリーフィッシュ・プロダクションズ、
㈱日本水泳振興会、デサントジャパン㈱

プール・ライフガーディング教本の発刊にあたって

　小中学校の学習指導要領には、体育の授業で水泳について触れられており"小学校では1〜2年生で水遊び、3〜4年生で浮く・泳ぐ運動、5〜6年生で水泳"と段階的に運動領域を定めている。最近では自己保全のためのサバイバル・スイムプログラムの必要性も高まり、その一部を児童・生徒に体験させる試みもみられるようになった。多くの学校にプールが設置されており、授業以外にも地域住民を対象に一般開放されることもあり、安全管理体制の確保はさらに重要となっている。

　また、健康増進や体力の維持向上のために、水の特性を活かした安全で効率のよい運動を行う人も増えており、水泳だけではなく、水中ウォーキング、水中エクササイズやリハビリテーションのための利用など、全国の体育施設のプールは活用目的の幅を広げ、常に賑わっている。さらに、従来の競泳用プールだけではなく、造波プール、流水プール、ウォータースライド、ジャグジーなどを併設するウォーターパークの人気も高まり、プールおよびプール関連施設での"プール・ライフガード"の役割にも多様性が求められている。

　警視庁から警視庁生活安全総務課と各道府県警察本部生活安全部への通達（2012年6月24日）により、「地方自治体や民間施設等がプール監視業務を委託する場合、そのプール監視業務は警備業法（昭和47年法律第177号）第2条第1項 第1号又は第2号に該当し警備業務に該当する。」と、プールの監視業務は警備業者が受けて実行する業務であるということがあらためて認識されることとなった。警察庁から一般社団法人全国警備業協会への要請（2012年6月25日）では、プールで従事する警備員の資質向上の参考として、特定非営利活動法人日本ライフセービング協会（以下、JLA）の発行資格も記載されており、学校関係者、体育施設関係者のほか警備業関係者などまでJLAが果たすべき役割は広がっている。

　本書はJLAが、国際ライフセービング連盟（International Life Saving Federation）に加盟し"溺水防止国際会議（World Conference of Drowning Prevention）"に参加する国内代表機関として、国際的ネットワークのもとで、各国のライフセービング団体が実践している救助技術や安全管理システムおよびプログラムなどを、約30年にわたる講習実績と研究の蓄積とともに最新版のプール・ライフガーディング・プログラムとしてまとめたものであり、もしもの時にあわてずに適切な救助を行う実践的方法と、プール・ライフガードや水泳指導者などにとって必要な知識と技術を学ぶ、JLAアカデミー「プール・ライフガーディング講習会」の教本として著されたものである。

2017年7月

特定非営利活動法人
日本ライフセービング協会

プール・ライフガーディング教本　目次

第1章 プール・ライフガーディングについて …001
1 プール・ライフガーディングとは …002
2 プール・ライフガードの必要性 …003
[1] 水泳の頭頸部外傷
[2] プール・ライフガード育成の必要性
3 日本ライフセービング協会と認定資格制度 …005
[1] 日本ライフセービング協会とその活動
[2] プール・ライフガーディング講習会の誕生
[3] 認定資格の内容と範囲

第2章 プールに関する基礎知識 …007
1 プールとは …008
[1] プールおよびプール関連施設
[2] 「プールの安全標準指針」におけるプール
2 プールの種別 …009
[1] 一般市民が利用可能なもの
[2] 特定用途に限定されたもの
3 プールの構造と管理 …011
[1] プールの構造
[2] プール水の循環濾過
[3] プールの水質
[4] プールの水温設定
4 プールの水深とスタート台 …014
[1] プールの水深とスタート台の高さに関するガイドライン
[2] プールの飛び込み事故の防止対策

第3章 プール事故の原因と防止 …017
1 プールにおける水死事故の現状 …018
2 プール事故の分類 …019
[1] 死に至る危険が伴うプールでの重大事故
[2] プールで起こりうるその他の事故
3 プール事故の原因 …020
[1] プールに起因する事故
[2] 利用者に起因する事故
[3] そのほかに起因する事故
4 プール事故の防止に向けた対応 …022
[1] 事故防止のための施設管理者の任務
[2] 事故防止のために利用者に実施してもらうべきこと

第4章 プールの監視体制 …025
1 監視に求められること …026
2 プール・ライフガードの人員配置 …027
3 注意すべき利用者（溺者）の様子 …029
[1] 溺者の特徴
[2] 注意すべきプール利用者（溺者）の様子

　　　　［3］そのほかの注意が必要な状況
　　4　監視時の注意事項 ………………………… 032
　　5　スキャニングの方法と種類 …………………… 033
　　　　［1］スキャニングの原則
　　　　［2］スキャニングの方法
　　　　［3］スキャニングの質を高めるためのポイント
　　　　［4］スキャニングパターン
　　6　ゾーニングの方法と種類 ……………………… 037
　　　　［1］ゾーニングの原則
　　　　［2］ゾーニングの方法
　　　　［3］カバーリング
　　7　パトロールの方法 ……………………… 040
　　　　［1］パトロールの種類
　　　　［2］プールサイドのパトロール時のポイント
　　　　［3］始業前点検と終業後点検
　　8　ローテーションの方法 ……………………… 042
　　　　［1］ローテーションの基本パターン
　　　　［2］タワー（監視台）での監視の交代方法

第5章　プール・ライフガード …………… 045

　　1　プール・ライフガードの役割 ……………………… 046
　　　　［1］プール・ライフガードとは
　　　　［2］プール・ライフガードと利用者との関係
　　　　［3］プール・ライフガードに求められること
　　2　プール・ライフガードのユニフォーム ……………………… 048
　　　　［1］ユニフォームの使用
　　　　［2］アイウェア（サングラス）の使用
　　　　［3］フットウェア（シューズなど）の使用
　　　　［4］そのほかに常に携帯すべきもの
　　3　プール・ライフガードのコミュニケーション方法 ……………………… 050
　　　　［1］コミュニケーション・ツールの利用
　　　　［2］ハンドシグナルの利用
　　4　プール・ライフガードの感染防止対策 ……………………… 055
　　5　プール・ライフガードに必要な基礎的技術 ……………………… 057
　　　　［1］ウォーミングアップとクーリングダウン
　　　　［2］プール・ライフガードに必要な泳法と泳力

第6章　緊急時対応計画 …………… 065

　　1　プールにおける緊急時とは ……………………… 066
　　　　［1］緊急時の定義
　　　　［2］プール・ライフガーディングにおける緊急時対応計画の必要性
　　2　緊急時対応計画を立てるための考え方 ……………………… 067
　　　　［1］救助・救護が必要な状況とは
　　　　［2］救助行動・救護行動でとるべき対応
　　3　緊急時対応計画を行ううえでの基本的行動 ……………………… 070
　　　　［1］プール・ライフガーディングにおける指示命令系統
　　　　［2］緊急時対応計画の種類

[3] 緊急時対応計画の実行

4 状況別にみる緊急時対応計画の対応 072
[1] 利用者全員をプールから上げる場合の対応
[2] プール内（水中）での緊急事態への対応
[3] プールサイドなどでの緊急事態（傷病）
[4] 利用者からの事故（事態）の通報の場合
[5] そのほかの場合

5 溺水に関しての緊急時対応計画の実際 075
[1] 溺水事故に対する対応
[2] バイタルチェック
[3] 二次救命処置への引き継ぎ

6 緊急時対応計画への準備 080
[1] 救助器材・資材などの検討
[2] 救急隊の進入誘導と搬送路の確保
[3] 利用者を避難誘導する際の留意点
[4] 施設全体にかかわる緊急事態への対応
[5] 想定訓練

第7章 救助 083

1 救助の原則 084
[1] プール・ライフガーディングにおける救助
[2] 救助の原則

2 救助に用いられる器材 085
[1] 救助に用いられる器材
[2] 一次救命処置に用いられる器材

3 救助の手順と方法 088
[1] 水に入らずに救助する方法
[2] 水に入って接近する方法
[3] 溺者を確保して水中を移動する方法
[4] プールからプールサイドへ移動する方法

4 救助の基本的スキル 092
[1] 救助における入水の基本
[2] 溺者への接近（アプローチ）の基本
[3] 溺者の確保の基本

5 溺者への接近と確保の方法 095
[1] 泳がずに歩いて確保する方法
[2] 泳いで確保する方法
[3] 深いプールでの救助方法
[4] 特殊なケースでの溺者の救助

6 溺者救助の原則（リリースとエスケープ） 106
[1] リリースとエスケープの重要性
[2] リリースとエスケープの実際

7 溺者のトーイングの方法 108
[1] トーイング
[2] トーイングの注意点
[3] トーイングの種類

8 プールから溺者（傷病者を含む）を引き上げる方法 112
[1] サポート・ポジション
[2] 溺者が自力で上がれる場合

[3] 救助者1人で引き上げる方法
[4] 救助者2人で引き上げる方法
[5] 救助者3人で引き上げる方法
[6] 器材を使って上げる方法

第8章 頚椎損傷・頚髄損傷の疑いのある場合の救助 ……… 119

1 頚椎損傷・頚髄損傷とそのメカニズム ……… 120
[1] 頚椎損傷・頚髄損傷の疑いのある場合の対応
[2] 頚椎損傷・頚髄損傷のメカニズム
[3] 頚椎損傷・頚髄損傷の症状

2 頚椎損傷・頚髄損傷の疑いのある場合の基本の手技 ……… 121
[1] 頚椎損傷・頚髄損傷の疑いのある場合の手当の原則
[2] 徒手による固定法

3 頚椎損傷・頚髄損傷の疑いのある場合の救助の流れ ……… 125
[1] 浅いプールでの場合
[2] 深いプールでの場合

第9章 プール・ライフガードによる応急手当 ……… 135

1 応急手当とその原則 ……… 136
[1] 応急手当とは
[2] 応急手当の範囲
[3] 応急手当で守るべきこと

2 傷病者の観察 ……… 138
[1] 観察とは
[2] 観察の実際

3 応急手当の現場での留意点 ……… 142
[1] 感染症対策
[2] 感電防止

4 プールや施設およびプール関連施設で起こりうる傷病とその手当 ……… 143
[1] 転倒による傷害
[2] そのほかの傷害
[3] 起こりやすい急病
[4] 注意が必要な感染症など
[5] そのほか

5 傷病者についての情報のまとめ方 ……… 152
[1] 応急手当をした際に確認する内容
[2] 情報をまとめる意義

第10章 プール・ライフガードによる一次救命処置 ……… 153

1 プール・ライフガードによる一次救命処置 ……… 154
[1] 1秒でも早く一次救命処置を行う意味
[2] 救命の連鎖

2 呼吸・循環のしくみ ……… 156
[1] 細胞が生きるために
[2] 血液の成分と役割
[3] 呼吸のしくみ
[4] 循環のしくみ

3 心肺蘇生の理論 ·········· 159
  [1] 心肺蘇生の重要性
  [2] 胸骨圧迫の重要性
  [3] 心停止の分類と心室細動
  [4] 心室細動からの救命におけるAEDの必要性

4 一次救命処置の実際 ·········· 164
  [1] 溺水における一次救命処置の原則
  [2] 溺水、またはそれが疑われる人に対する一次救命処置の実施手順
  [3] 一次救命処置を行う際の注意点

5 吐物への対応 ·········· 175
  [1] 心肺蘇生中の吐物
  [2] 吐物への対応

6 気道異物除去 ·········· 176
  [1] 気道に異物が詰まるとは
  [2] 異物除去の方法
  [3] 乳児の異物除去

7 アドバンス・プール・ライフガードによる一次救命処置 ·········· 178
  [1] アルゴリズム
  [2] 一次救命処置の実施手順

8 小児・乳児の一次救命処置 ·········· 182
  [1] 一次救命処置における小児と乳児
  [2] 小児と乳児への一次救命処置の方法
  [3] 小児への一次救命処置の手順
  [4] 乳児への一次救命処置の留意点
  [5] 小児と乳児への一次救命処置においてCPRを中断してよい場合
  [6] アドバンス・プール・ライフガードによる小児・乳児への一次救命処置

第11章 プール事故と法的責任 ·········· 191

1 プール・ライフガードと法的責任 ·········· 192
  [1] プール事故の原因と法的責任
  [2] 労働者としてのプール・ライフガードの立場

2 法的責任とその種類 ·········· 193
  [1] 刑事責任
  [2] 民事責任
  [3] そのほかのペナルティー

3 事故後の適切な措置 ·········· 195
  [1] 事故後に求められる責任ある行動
  [2] チーフ・ライフガードに求められること

4 過去の事例や裁判例から学ぶこと ·········· 196
  [1] 不断に訓練を行うことへの責任と期待
  [2] 最高裁が求めた「不断に研鑽を積む義務」
  [3] 事例や裁判例から学ぶ際のポイント

第1章
プール・ライフガーディングについて

- 1……プール・ライフガーディングとは
- 2……プール・ライフガードの必要性
- 3……日本ライフセービング協会と認定資格制度

I プール・ライフガーディングとは

　プール・ライフガーディングとは、「水の事故から人命を守る」という使命にもとづいて行われる、プールに特化したライフセービング（人命救助を本旨とした社会活動のことで、水辺の事故防止のための実践活動）の総称である。プールの監視・救助という従来の役割のほか、施設の多様化や利用スタイルの変化に伴い、その活動範囲は広くなっている。

　プール・ライフガーディングが必要となるのは、学校体育施設のプールから、屋内外の水泳場や各種アトラクションが設置されたウォーターパークと称されるレジャープールを含む総合プールなどの営業施設までが含まれる。求められる役割としては、プール利用者の事故防止を目的とした監視業務などを含む安全管理、緊急時の救助・救護対応から、水質維持をはじめとする衛生管理などまで、利用者がルールと秩序を守り、楽しく安全に利用できるようにするための施設運営にかかわる総合的な活動である。そして、これらの役割を専門的に担う人材をプール・ライフガードと呼ぶ（表1-1）。

◆表1-1　プール・ライフガードの主な役割

- 利用者の事故防止のための安全管理（監視業務などを含む）
- 緊急時の救助・救護対応
- プール水の管理、およびプール関連施設の衛生管理
- 利用者が楽しく安全に利用できるサービスの提供

2 プール・ライフガードの必要性

1.水泳の頭頚部外傷

プールでの体育活動は、最悪の場合には生命にかかわる外傷を引き起こす危険性がある。本来、安全であるはずの学校等でもプール事故は、毎年後を絶たない。体育授業や運動部活動などの水泳においても、児童・生徒の年齢・体力・技能・体調などから、練習内容や方法、指導内容、施設・設備、使用する用具および自然環境などに至るまでのさまざまな要因によって、常に偶発的な事故や大きな事故につながる可能性を有しており、飛び込み動作に起因する頭頚部外傷は、プールに特有のものである。

日本スポーツ振興センターの調査によると、1998～2011（平成10～23）年度の14年間で、体育活動中の頭頚部外傷による事故は、水泳では、重度の障害が19件、死亡事故が2件、合計21件発生している（表1-2）。競技別にみると、柔道（54件）、ラグビー（25件）に次いで3番目に多い件数であり、事故防止に一層の注意を払わなければならない。

プールでの頭頚部外傷の応急手当は、受傷直後より水中での動揺を抑え、すみやかな全身固定が必要とされる。正しい知識と技術をもって行われなければ、受傷者の生命やその後の生活に大きな影響を及ぼす。また、水泳指導を担う体育指導者が1人だけでプール・ライフガードを兼任すると、緊急時に適切な対応ができず手当にも遅れを生じるため、あらかじめ複数の人員を確保し役割分担も明確にしておかなければならない。特に学校やスイミングスクール、公営施設など、利用者がプールでスポーツや遊泳をする際には、溺水のほか飛び込み事故の予防に努め、万一頭頚部外傷が疑われる事故が起き

◆表1-2 体育活動による頭頚部外傷による死亡・重度障害の事故／競技別・発生年度別件数（件）

	1998	1999	2000	2001	2002	2003	2004	2005	2006	2007	2008	2009	2010	2011	合計
柔道	4	9	4	3	5	7	1	5	1	1	2	4	6	2	54
ラグビー	1	2	3	3	3	2	3	2	2	1	0	2	0	1	25
水泳	1	3	1	3	1	0	3	2	1	1	2	1	1	1	21
体操	4	0	4	2	2	0	1	2	1	1	1	2	0	0	20
ボクシング	0	2	1	0	2	1	0	0	0	0	0	1	0	0	8
陸上競技	1	0	1	0	0	0	1	0	0	0	1	0	1	0	5
バスケットボール	1	0	0	0	0	1	0	0	1	0	1	0	0	0	4
野球	0	0	0	0	0	0	0	0	0	1	1	1	0	1	4
バレーボール	1	0	0	0	0	1	0	0	0	0	1	0	0	0	3
サッカー	1	0	1	0	0	0	0	0	0	0	0	0	0	1	3
その他	1	1	3	2	1	4	2	3	2	1	0	0	0	0	20
合計	15	17	19	13	14	16	12	12	9	7	10	11	8	4	167

※競技種目は原則3件以上（n≧3）あったものを表記し、それ以外（n<3）は「その他」で一括した
（独立行政法人日本スポーツ振興センター調査研究報告書、p21、平成25年3月）

た際に適切な応急手当ができ、事故防止のための知識と技能を有した管理者やプール・ライフガードを常時配置する必要性がある。

さらに、全国の公立小中学校等では、夏期に学校プールの一般開放を実施しているところがあり、地域の社会体育指導員など市区町村から委嘱を受けた人材がプール・ライフガードの役割を担うことも多い。学校教職員、部活動の顧問、スイミングスクールのインストラクターほか、プールにかかわる多くの関係者も、プール・ライフガードと同等の知識と技術を身につけておかなければならない。

2.プール・ライフガード育成の必要性

学校をはじめ各種プール施設が多く存在するにもかかわらず、日本国内ではプール・ライフガーディングにかかわる専門的な人材育成が皆無に近い状態であるといっても過言ではない。

例えば、古くから日本赤十字社が行っている水上安全法講習会（救助員養成）は全国で実施され、水の事故防止の普及に大きな役割を果たしており、日本ライフセービング協会（JAPAN LIFESAVING ASSOCIATION：JLA）設立にも関係が深い（ほかに日本体育施設協会の実施している水泳指導管理士講習会もある）。しかし、これらの講習会の目的は広く、必ずしもプール・ライフガードの育成だけに特化しているものではない。また、プールで監視をする人は、一次救命処置（Basic Life Support：BLS、心肺蘇生＋AEDなど）の知識や技術だけを学べばよいというものでもない。

プールの安全や衛生にかかわるガイドラインはいくつか存在しているが、施設や設備などに関するものが多く、管理者の資格内容、資質条件、事故防止のための講習受講を義務化する制度もほとんどない。さらに、プールの安全にかかわる法律や制度においても、プールの安全管理、監視や救助に関して必要条件となる資格や研修（教育）方法まで詳細にわたって定められていない。そのため、施設ごとに独自に訓練や研修などが行われるほかはないのが現状である。

今後、プールにおける事故防止のための監視・救助を含む知識と技術をもつプール・ライフガードの養成は急務である。

3 日本ライフセービング協会と認定資格制度

1. 日本ライフセービング協会とその活動

JLAは、唯一のライフセービング国際組織である国際ライフセービング連盟（ILS）の日本代表機関として位置付けられており、現在は全国各地と大学・専門学校・高校など教育機関に会員クラブが設立され、JLA ACADEMY認定資格を持つライフセーバーが活躍している。JLAは「人と社会に変革をもたらす」法人として、「教育」「救命」「スポーツ」「環境」「福祉」（＝JLAヒューマンチェーン）といった領域における生命尊厳の輪を普及していく社会貢献活動を行っている。そして、こうした基本理念の具現化を推進するために全国のライフセーバーの活動サポートを行っている。また、ライフセービングのさらなる社会的認知の向上を目指した「JLAミッション」を掲げ、全国の会員とともにライフセービングの普及と発展に努めている。

2. プール・ライフガーディング講習会の誕生

JLAは、1985（昭和60）年からサーフ・ライフセーバーの育成を目的とした「サーフ・ライフセービング講習会」を海浜で実施してきた。1991（平成3）年からは海浜以外の水辺に対応した安全プログラムをもととした「ウォーター・ライフセービング講習会」を開催し、「ウォーター・ライフセーバー」資格を設け、プールなどで活動するライフセーバーの育成も行ってきた。

その後、各地で活動するライフセーバーおよび水泳関係者からのさらなるニーズに応じて、これまでの資格体系のリニューアルを図ることとなった。2012（平成24）年、各種講習会を体系立てたJLA ACADEMY*の設置に併せ、「ウォーター・ライフセービング講習会」のプログラムを継承したものとしては、水の事故から自身を守る「ウォーター・セーフティー講習会」と、プールでのライフガーディングに特化した「プール・ライフガーディング講習会」を新たに実施し、資格を発行することとなった。

---

*JLA ACADEMY：1985（昭和60）年、JLAの前身の任意団体が水辺の事故防止のための実践活動として、ライフセービングの国内普及を目的に、Surf Life Saving Australiaとオーストラリア政府の協力のもとで、ライフセーバーの資格認定事業をスタートさせた。その後1991（平成3）年にJLAを設立させ、それまでの意志と理念、資格制度を引き継いで活動を続け、2014（平成26）年には講習会開催30周年を迎えた。その歴史の中で、任意団体の統合、JLAの設立から法人化への道をたどった。現在は国際ライフセービング連盟の日本代表機関となり、各種専門委員会（救急蘇生委員会、学術研究委員会、指導委員会、コンディショニング科学委員会、溺水事故防止委員会、ライフセービングシステム開発委員会ほか）の設置も併せて、JLAは名実ともに学術的な裏付けと国際的ネットワークをもつ国内唯一のライフセービング教育機関となっている。
毎年多くのライフセーバーを育成し、認定指導員により各種実施している「JLAライフセービング講習会」はJLA事業の根幹となっているもので、JLAの生命線でもある。水の事故防止だけに留まらないBLS講習会なども含め、さらにライフセービングの普及・発展に寄与する事業として推進することを明確にするため、より威厳をもったイメージと指導的団体を意味し、学問・学芸の中心となる団体や機関の総称として使われている「アカデミー」という言葉を用いて、2011（平成23）年よりJLAのライフセービングプログラムを「JLA ACADEMY」という名称に変更したものである。

3.認定資格の内容と範囲

　JLAにおけるプール・ライフガーディング講習会は、各種プールおよびプール関連施設において、主に安全管理にかかわるプール・ライフガーディングに必要な知識と技術の普及と、専門的人材「プール・ライフガード」の養成と認定を目的に行われている。

　JLAが認定するプール・ライフガードとは、プール・ライフガーディングの監視・救助などの諸活動に携わるために、プール・ライフガーディング講習会を通じて一定の訓練を受け、検定に合格をした専門的なライフセーバーのことを意味する。

　JLAでは、プール・ライフガードについて下記の2つの資格を発行している(図1-1)。

●プール・ライフガード
　プールや静水域での水辺の事故防止に努め、監視・救助・救護などの安全管理活動に適切に対応できる基礎的な知識と技能を身につけた者。

●アドバンス・プール・ライフガード
　プールや静水域での水辺の事故防止に努め、監視・救助・救護などの安全管理・衛生管理活動に適切に対応できる実践的な知識と技能を身につけた者。

　そのほかの認定資格の内容や取得方法等の詳細については、JLAホームページ（http://www.jla.gr.jp/）を参照。

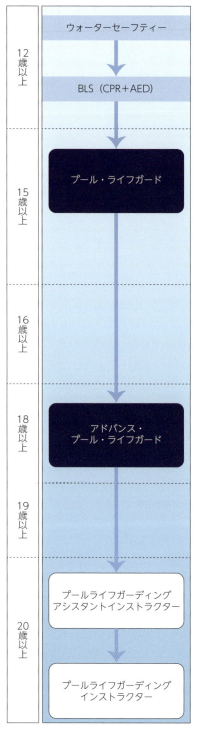

◆図1-1　プール・ライフガードの資格体系
（プール・ライフガーディングコース）

第2章 プールに関する基礎知識

- ▶1……プールとは◀
- ▶2……プールの種別◀
- ▶3……プールの構造と管理◀
- ▶4……プールの水深とスタート台◀

プールとは

1.プールおよびプール関連施設

　プールとは、水泳などの競技のほか、水を活用して健康増進や体力向上、さらにリハビリテーションなどといった幅広い目的をもった不特定多数の利用者が、水泳や水中運動および遊泳するための屋内外のスポーツ・レクリエーション施設などの総称である。

　プールの語源は英語の「水たまり」だが、水泳・遊泳のための施設を意味し、プール関連施設*を含めた施設全体を指す。

　一般的には、水泳競技用にコース設置のできる25mまたは50mの長さをもつ単体のものがイメージされる。それ以外にも、飛込、シンクロナイズドスイミング、水球などの実施できる水泳場、水深や形状などの異なる複数のプールを設置している施設、さまざまな滑り台（ウォータースライド）や一定方向に水が流れる流水プール、人工的に波を造る造波プールなどをもつ複合型のウォーターパーク・スタイルのもの、温浴施設やジャグジーを備えたものも含まれる。また、海浜の磯場の岩などで囲った海水プールや、河川湖沼の一部を人工的に加工し（堰(せき)止めたり囲ったりなどした）自然水を活用した自然環境型のものまであり、プールは多種多様である。

2.「プールの安全標準指針」におけるプール

　文部科学省、国土交通省の定める「プールの安全標準指針」では、「プールは、利用者が遊泳等を楽しみながら、心身の健康の増進を期待して利用する施設であり、そのようなプールが安全であることは、利用者にとって当然の前提となっている。」としている。

　誰もが安心してプールおよびプール関連施設を利用できるよう、事故防止のための安全管理体制は緊急時の対応を含め必須となる。

＊プール関連施設：プールに付属する管理棟（監視室、救護室、休憩室ほか）、採暖室、ジャグジー、シャワー、トイレ、更衣室などの施設や設備およびプールの各種管理に関連する施設の総称のこと。

2　プールの種別

前述したとおり、プールには多種多様な形態があるが、その種類は一般市民が利用可能なものと、特定用途に限定されたものの2つに大別できる。

1. 一般市民が利用可能なもの（学校施設、民間施設、公共施設、宿泊施設など）

不特定多数の希望者が広く利用できるように開放されているもので、有料施設、会員制施設、および保育園・幼稚園・学校などの未就学児や児童・生徒に限定したものも含まれる。また、水泳の習得、競泳、遊泳、ウォータースライドといったようなアトラクション、水中でのエクササイズ、リラクゼーション、海洋療法など、利用目的も幅広いものがある。

［プールおよびプール関連施設の種類］
- 学校用プール
- 幼稚園・保育園用プール
- スイミングスクール（スポーツクラブ）用プール

- レジャープール（ウォーターパーク、図2-1）：流水・造波プール、各種ウォータースライド（滑り台）と着水プール（図2-2、図2-3）

◆図2-1　レジャープール（ウォーターパーク）

御宿ウォーターパーク（千葉県御宿町）

◆図2-2　ウォータースライドのスタート

◆図2-3　ウォータースライドの着水プール

◆表2-1　国内のプール施設数

学校プール（小、中、高）	約30,100
民間施設（スイミングスクール、フィットネスクラブほか）	約6,000
公共施設（市、町、村民プールなど）	約3,000
公共施設（都市公園プール）	約1,000
宿泊施設（ホテル、旅館など）	約1,500
そのほか（大学、病院）	約3,000
合計（推計）	43,000〜46,000

（日本体育施設協会ほか「2006年現在での国内プール施設の分類と推計数―遊泳プールの安全・衛生管理の解説」より抜粋）

◆図2-4　海水プール

漁業用の生け簀(いす)を改良

・競技用プール：短水路日本水泳連盟公認プール、日本水泳連盟公認プール
・健康増進用プール
・大型ジャグジー（ジェット噴流、気泡浴槽）
・海水プール（自然環境利用型、図2-4）
・タラソテラピー（海洋療法）用プール

2.特定用途に限定されたもの

　特定の使用目的で設置され、一般市民に開放されているものではなく、利用者も限定されているプールもある。

　これらは、救助訓練、水中作業訓練などに用いられる「訓練用プール」、スキューバダイビングの練習などに用いられる「潜水用プール」、個人の活動用に用いられる「家庭用プール」、リハビリテーションなどの身体機能訓練や温浴治療などに活用されている「医療用プール」に大別することができる。

ジャクジーについて

　ジャクジーの正式名称は、「ワールプール・バス（Whirlpool bath、気泡浴槽）」という。浴槽の底や側面から気泡を出したり、空気を混入したジェット噴流を出したりするような浴槽ユニットやシステムバスのことを意味する。

　1960年代にワールプール・バスを開発したのがJACUZZI社（米国）で、会社の名前は会社代表者の人名「ジャクージ」に由来している。

　わが国で「ジャグジー」と広く呼ばれるようになったのは、同社の代理店が日本での商品名を「ジャクジ」としたことがきっかけである。その後、国産メーカーによって開発商品化されたものが「ジャグジー」と称され、現在その名前が一般的な名称として使用されている。

3 プールの構造と管理

1. プールの構造

プールの設置においては、その構造において各種素材と工法があり、設置場所や設置目的などによってさまざまな施工方法がある。そのほとんどで水温や水質を一定に管理するための循環濾過(ろか)装置が併設され、プール水が循環されるしくみになっている（図2-5、図2-6）。

プールの材質は、鉄筋コンクリート、鋼鈑、ステンレス、アルミニウム、FRP（Fiber Reinforced Plastics：繊維強化プラスチック）、タイルなどが主である。仮設のものでは、ゴム製やビニール類などを用いたものもある。水底部および壁面の塗装および表面コーティング加工の方法も材質や用途によってさまざまあり、ノンスリップ加工が施されているものもある。また、水面とプールサイドが同じ高さで段差のないオーバーフロー形式のものや、入水用の昇降階段やスロープのあるもの、水底部の深さを調節できる可動床式のもの、水底に傾斜や段差、急深なところがあるものなど、形状も多種にわたる。

◆図2-5 基本的なプールの構造と名称

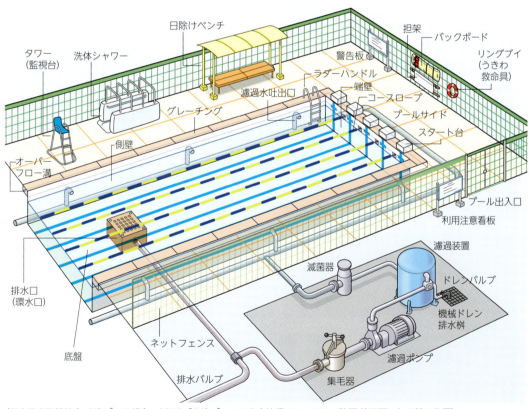

（日本体育施設協会 水泳プール部会、2015『水泳プールの安全管理マニュアル—改訂 第五版—』を基に作図）

■2.プール水の循環濾過

プール内の水については、浄化装置を通して水を循環させて再利用する方法が主流である。浄化方法は、吸水口（環水口）より回収した水中の浮遊物（髪の毛、体毛、垢、痰など）の処理を行い、浄化装置内の濾過材として、砂、珪藻土、セラミック、アンスラサイト、フィルターなどが使われる濾過様式がある。滅菌の方法は国内では塩素を主体にし、ガス、液体、固体などを使用している。オゾン処理、塩化ナトリウムによるイオン交換方式などを併用するものや、紫外線（滅菌灯など）による殺菌法などもある。

なお、プール水の循環方法には、①プールサイドのオーバーフロー形式で吸水し水底部から噴出させる方法、②中央水底または一部水底から吸水し、プール内壁面から噴出させる方法、③プール内壁面の一部から吸水し、別のプール内壁面の一部より噴出させる方法など、プールの形状および濾過システムによってさまざまな方法が用いられている。

■3.プールの水質

衛生上、プールの水質ならびにその施設の維持管理に基準を設けることは重要である。遊泳用プール（プールおよびその関連施設）における衛生確保を目的として「遊泳用プールの衛生基準」（厚生労働省、表2-2）が定められ、水質の維持・管理について触れられている。

プール・ライフガードとして、この基準に則った衛生管理に努めることは重要である。

■4.プールの水温設定

水温については、『水泳指導教本』（日本水泳連盟編）に記載されている「初心者指導では30℃ぐらい、耐寒訓練的な指導では20℃ぐらい、寒中水泳では10℃以下、競技としては27℃ぐらい、ゆっくりとした水中歩行や水中運動などでは32℃ぐらい」を適当としており、これらが水温設定の参考にされることが多い。

なお、屋外プールでは外気温との関係が大きいため、「水温＋気温」の合計温度を目安とする考え方を紹介している（表2-3）。

◆図2-6　プールの濾過装置

◆表2-2 「遊泳用プールの衛生基準」の要点（一部抜粋）

〈水質基準〉
- 水素イオン濃度は、pH値5.8以上8.6以下であること。
- 濁度は、2度以下であること。
- 過マンガン酸カリウム消費量は、12mg/L以下であること。
- 遊離残留塩素濃度は、0.4mg/L以上であること。また、1.0mg/L以下であることが望ましいこと。
- 塩素消毒に代えて二酸化塩素により消毒を行う場合には、二酸化塩素濃度は0.1mg/L以上0.4mg/L以下であること。また、亜塩素酸濃度は1.2mg/L以下であること。
- 大腸菌は、検出されないこと。
- 一般細菌は、200CFU/mL以下であること。
- 総トリハロメタンは、暫定目標値としておおむね0.2mg/L以下が望ましい。

（厚生労働省、2007「遊泳用プールの衛生基準」〈健発第0528003号〉）

◆表2-3 「水温＋気温」の基本的な考え方

40℃以下	不適
40℃〜45℃	やや不適
45℃〜50℃	やや適
50℃〜55℃	適
60℃前後	最適
65℃以上	不適（日射病や熱射病に注意）

※立地条件により異なるので、あくまで目安である
（日本水泳連盟編『水泳指導教本』）

　一方、屋内プールでは、基本的に水温や室温が管理されているので、その目的に合った水温に設定すればよい。ただし、多量の水の温度を短時間で簡単に上げたり下げたりはできず、またコストもかかるため、さまざまな利用者がいるプールでは通常30℃ぐらいを目安に温度管理がされている。国内の屋内プールでは、これらの目安にもとづいて水温を27〜30℃に設定しているところが多くみられる。

　また、水温については下記のような基準も設定されている。

- 22℃以上…厚生労働省「遊泳用プールの衛生基準」
- 23℃以上／低学年、22℃以上／高学年…文部科学省「水泳指導の手引き」
- 25℃以上28℃以下…日本水泳連盟「プール公認規則」

プールの水温が身体に及ぼす影響について

　水中で寒いと感じない温度を「中立水温」または「不感温度」という。安静時では約35℃、運動（水泳）時では約28℃前後であり、これらを下回る温度の場合には、少なからず身体に影響があることを忘れてはならない。
　水は熱伝導率の違いにより、空気の約23倍の早さで体温を奪う。24℃を下回る水温では、急速に体温を低下させる可能性がある。身体において、体温の低下は体力を奪うこととなる。プールの水温が低い場合や、水温と室温（気温）の差が大きく、特に水温より室温（気温）が著しく低い場合などは、休憩時間を確保し、皮膚の水滴をタオルなどでしっかりと拭き取り温水のシャワーや採暖室などを利用したりして、体温を低下させないような工夫をすることが大切である。

4 プールの水深とスタート台

■ 1.プールの水深とスタート台の高さに関するガイドライン

　プールでの重大事故のひとつに、飛び込みにおける事故が挙げられる。この事故は、スタート台の構造上の問題に起因することが多いが、一方、誤った方法や未熟な技術、また指導を受けずに見よう見まねで水中に飛び込むことにより、頭頚部外傷を招く危険があることも問題となっている。

　飛び込みの方法を誤ると、水底に頭から激突し、頚髄（頚椎）損傷を起こす恐れがある。国内のプール施設では、水深1.0～1.2m程度の浅いプールが多く、スタート台が設置されないプールも多くなってきている。また、飛び込みの技術も、選手として競技のための水泳トレーニングを行わないかぎり、学校やスイミングスクールなどを含めて教えてもらう機会が少なくなっている傾向にある。

　プールの水深とスタート台の基準に関しては、旧文部省が1966年に定めている（表2-4）。

　また、日本水泳連盟でも「プール公認規則」においてプールの規格を定めており、1979（昭和54）年以降の公認規則改定では水深の浅いプールでのスタート台を規制した。しかし、絶対的な安全が確保されたわけではなく、頭頚部外傷の起こらない水深については、1992年の公認規則に「水面上0.75mの高さから、成年男子あるいはそれに近い体格の人間が、任意な（あるいは乱暴な）姿勢で飛び込んで頭部や頚部を傷めないですむ水深についてコンピューターを使ったシミュレーションで調べたところ、その深さはほぼ2.7m前後であった」と記されている。さらに、2001（平成13）年の改定では、スタート台前方6mまでの水深が1.35m未満の場合はスタート台の設置が禁止された（表2-5）。

　この状況から、いかなる飛び込み姿勢であっても安全な水深となると、水深3mのプールを設置しなければならなくなるが、スタート台の高さに関するガイドラインを策定するにあたり、これは現実的ではない状況があるとしている。

　そこで、「一般的な競泳のスタートであること」「安全に配置されたスタート台であること」「必ず自分自身の身体で水深を確認してから行うこと」「飛び込みの技術を習得した者が指導員などの管理下で行うこと」を前提に、「プール水深とスタート台の高さに関するガイドライン」が策定された（表2-6）。

◆表2-4　文部省によるプールの水深とスタート台の高さについての基準

〈プールの水深〉プールの使用目的	最浅水深～最深水深
学校用　幼児用	0.3m～0.8m
小学校用	0.8m～1.1m
中学校用	0.8m～1.4m
高校・大学用	1.2m～1.6m
競泳用	1.3m～1.8m

〈スタート台の高さ〉プールの使用対象	高さ
一般	30cm～75cm
小中学校	40cm
競泳用	60cm

（文部省「水泳プールの建設と管理の手引き」、1966）

◆表2-5　日本水泳連盟によるプールの規格における水深とスタート台の高さについての基準

プールの規格	水深（最浅）	スタート台の高さ
50m一般プール	1.35m以上	0.50m以上0.75m以下
50m国際プール	2.00m以上	0.50m以上0.75m以下
25m一般プール	1.00m以上	端壁前方6.0mまでの水深が1.35m未満であるときはスタート台を設置してはならない
25m国際プール〈標準プール〉	2.00m以上	端壁前方6.0mまでの水深が1.35m未満であるときはスタート台を設置してはならない
小中学校プール	0.80m以上	
それ以外	1.00m以上	

※戦後～昭和35年くらいまでに造られたプールの水深は1.0m（日本水泳連盟の公認規定）である。また、国際水泳連盟（FINA）公認規定は3フィート（0.914m）である
（日本水泳連盟「プール公認規則」、2001）

◆表2-6　プールの水深とスタート台の高さに関するガイドライン

水深	スタート台の高さ（水面上）
1.00～1.10m未満	0.25m±0.05m
1.10～1.20m未満	0.30m±0.05m
1.20～1.35m未満	0.35m±0.05m

（日本水泳連盟施設用具委員会、2005）

2．プールの飛び込み事故の防止対策

　飛び込み事故の防止については、プールの構造上、スタート位置から近い部分の水深を深くすることや、適切な高さのスタート台を設置するだけでは防ぐことはできず、適切・合理的な飛び込み方法によってのみ回避できるものである。安全な飛び込み方法および指導方法については、日本水泳連盟編『安全水泳』や『水泳プールでの重大事故を防ぐ』等の書籍での記述が参考にできる。

　プール施設での飛び込みについては、飛び込みの技術をしっかりと習得した者が熟練した指導員などの管理下で行うことができなければ、利用者に許可することは難しい。なお、プールを楽しく気持ちよく利用してもらうためには、あまり施設内での禁止事項を多くしたくはないものであるが、飛び込みによる事故防止においては厳格にしなくてはならず、標識やアナウンスなど、あらかじめ利用者に飛び込みが禁止されている旨を周知させる努力を怠ってはならない。

日本最古のプール

わが国で最も古いプールは、1803（享和3）年に開設された会津藩校日新館の「水練水馬池」といわれている。
この池は周囲約150m、深さ約1.5m（推定）ほどのもので、兵法訓練の一環で活用され、向井流泳法の教授や水中での馬術を学ぶためにあったという（現在は、図1のように福島県会津若松市内に復元されている）。

同時代、全国各地に300ほどの藩校が存在したが、水練場をもつのは、この日新館と長州藩の明倫館の「水練池」（山口県萩市、図2）のみであったらしい。明倫館は1719（享保4）年に開校し、1849（嘉永2）年に現在地に移設された。明倫館の水練池（39.5m×15.5m×1.5m）は唯一当時のまま現存する国内最古のプールである。

◆図1　日新館の水練水馬池（復元）

◆図2　明倫館の水練池

第3章 プール事故の原因と防止

- ▶1 ……プールにおける水死事故の現状 ◀
- ▶2 ……プール事故の分類 ◀
- ▶3 ……プール事故の原因 ◀
- ▶4 ……プール事故の防止に向けた対応 ◀

Ⅰ プールにおける水死事故の現状

2006（平成18）年に埼玉県で起こったプールでの死亡事故は、小学2年生の女児が流水プール内の排水口（環水口）に吸い込まれ6時間行方不明となったもので、プール施設の管理、監視・救助を含めた安全管理体制に警鐘をならすものとなった。これを教訓に、全国各地のプール施設では、排水口など循環システムの構造上での危険箇所の改善が図られ、事故防止への取り組みがなされてきた。

しかしその後においても、プール施設のメンテナンス上の問題に起因するものや管理体制の問題などで起こったもの、利用者の身体的な要因に起因するものなどさまざまであるものの、プールにおける事故は後を絶たない（表3-1）。

◆表3-1　水の事故（水死者）の現状とプールでの水死者数
（　）内は中学生以下

年間の水死者（含行方不明者）数		プールでの水死者数	
2016年	816　（31）	9	（3）
2015年	791　（53）	5	（2）
2014年	740　（55）	6	（1）
2013年	803　（44）	7	（1）
2012年	782　（61）	4	（2）
2011年	795　（59）	7	（3）
2010年	877　（69）	6	（3）
2009年	852　（62）	6	（2）
2008年	829　（54）	5	（2）
2007年	876　（82）	10	（6）
2006年	823　（77）	8	（4）
2005年	825　（85）	7	（6）
2004年	892　（94）	10	（7）
2003年	827　（87）	9	（5）
2002年	977　（91）	7	（2）
2001年	1,058　（104）	14	（11）
2000年	1,034　（115）	15	（10）
1999年	1,179　（119）	17	（9）
1998年	1,188　（162）	22	

（「水難の概況」ほか、警察庁生活安全局地域課資料〈平成10～28年〉に基づき作成）

海や河川など自然水域での発生数に比べれば、プールでの死亡事故は少ない。しかし、毎年そのほとんどがテレビのニュースや新聞などで報道されることが多く、施設の安全管理体制には注目が集まる。プールにおける死亡事故のなかには管理責任を問われるような訴訟問題へと発展するものも少なくない。

2 プール事故の分類

■1.死に至る危険が伴う　プールでの重大事故

プールで発生する事故のうち、重大なものは次の3つである。それらの重大事故を、死に至る危険性の高い"プールの3大事故"という。

①溺水事故
溺れて意識を失い、さらに窒息状態となり、最悪な場合は溺死することもある。

②飛び込み事故
頭部を水底に強打し、頸椎・頸髄損傷を起こし、最悪な場合は死に至ることもある。

③吸い込み事故
排水口（環水口）へ吸い込まれたり引き寄せられ、さらに水圧の影響で身動きができなくなり、最悪な場合は死に至ることもある。

■2.プールで起こりうるその他の事故

上記のほかにもプールで起こりうる事故には次のようなものがある。

①泳者同士の衝突
同じコースを折り返して泳いでいる際に、双方が前方に気がつかずに頭部と頭部とが接触する正面衝突など。

②ウォータースライドなどの滑走時／着水時の傷害
滑っている途中に前の利用者の後方から次の利用者が追いついて衝突したり、着水プールに留まっていた利用者の後方に次の利用者が激突したりするなど。

③プールサイドやプール関連施設内での転倒による傷害
濡れていて滑りやすいプールサイドやトイレ、シャワールームなどでの転倒や、プールやジャグジーへの入退水時に昇降階段を踏み外したりして身体の一部を強く打ったりするなど。

④感電事故
プール施設壁面の電源コンセントに一般家庭用電化製品などのプラグを差し込む際や、古くなった水中清掃用クリーナーなどの稼働中の漏電、またコード類の一部破損などが原因で、プールサイドの水滴を通して感電するなど。

溺れ（溺水）とは……

水上で呼吸がしづらくなり、やがてできなくなる（窒息）状態のことをいう。人間は水面に顔を出して呼吸することができないと窒息する。

〈WHOによる溺水の定義〉
溺水（drowning）の定義は「液体への沈水（submersion）あるいは浸水（immersion）により呼吸障害が生ずること」（WHO、2002）。

〈医学的な溺水・溺死の定義〉
溺水……水に溺れた後、1日以上生存したもの。
溺死……水に溺れた後、1日以内に死に至ったもの。
（日本水泳連盟医・科学委員会・日本水泳ドクター会議編著「水死事故」ブックハウスHD、1993）

3　プール事故の原因

　不特定多数の人々が利用するプールおよびプール関連施設で起こる事故の原因は、主に次のように分類される。最悪の場合には死亡事故へとつながるケースが多いことを常に忘れてはならない。

■1.プールに起因する事故

①施設や設備によるもの
　循環濾過方式のプールにおいて、排水口（環水口）への吸い込み事故などプールの施設設備そのものに原因がある場合や、ウォータースライドなど流水式の大型滑り台のような関連施設の設備、アトラクションなどの利用方法が原因となる場合である。

②プールに備えられている器具や遊具の使用方法によるもの
　ビーチマット、ゴムボート、大型ビート板のようなフロート類などの遊具を水面に浮かばせている際に、その真下に潜り窒息状態になったり、さらにプール内で使用できる遊具や備品などが死角を作りその発見が遅くなったりする場合である。

③安全管理体制によるもの
　プール・ライフガードの人員配置など監視体制が十分ではなかったり、交代方法が徹底されていなかったりするなど、誰も見ていないところや見ていない時間が生じた場合など、プールおよびプール関連施設全体の安全管理システムに問題があって生じる場合である。

④不十分なプール・ライフガードの訓練や技術によるもの
　訓練や研修を積んでいないプール・ライフガードがその任にあたることはあってはならないことであるが、利用者の異変を見逃したために、溺水やプールの中に水没している利用者に気づかず、すぐに救助がされなかったのではないかと思われる例がある。また、十分に訓練を受けていない者が監視にあたっていたという例のほか、溺者を水中から引き上げたものの、ただちに適切な心肺蘇生が行われなかったのではないかと推測される例もある。

■2.利用者に起因する事故

①利用者のマナーやルールの遵守に関するもの
　飛び込みを禁止しているプールで飛び込みを行ったり、ウォータースライドなどで前の利用者が着水し安全なところへ移動する前に次の利用者がスタートして衝突したりするなどの事故がある。
　小児・乳児など体力や泳力が乏しい子どもの利用に対する制限や、危険を回避するために施設で決めているルールがあっても、それらが利用者に十分知られていなかったり、守られていなかったりすれば事故は防ぎえない。そのため、プールを利用するうえでのルールやマナーについての説明や周知が不十分であってはならない。

②利用者の体調不良や急病などの
　身体的要因によるもの

　従来から、利用者の泳力（泳げる／泳げない、など）の問題や、水深と身長の関係（水底に足が着く／着かない、背が立つ／立たない、など）は注視されてきた。しかし、利用者の身体的要因による溺水などは、特に高齢者など心臓疾患や脳血管疾患による意識喪失や突発的な発作などと関係がある場合もある。

　さらに近年では、"泳げる人の溺水"というものも注目されてきている。一時的に誤って水を飲んだことにより窒息状態となる「気管内吸水」や、鼻から水を吸い込み耳管の奥にある"錐体内に出血"をきたす症状が起こることもある。また、泳ぎや潜水潜行の前に大きな深呼吸を必要以上に行うことにより血液中の酸素濃度が高まり、しばらく呼吸をせずに泳いだ後、空気を取り入れて酸素供給を行おうとしたときに意識を喪失する「ノーパニック症候群」などが疑われる例がある。

3.そのほかに起因する事故

○不可抗力やすぐに原因を特定できないもの

　地震や津波、台風などの自然災害、火災、長時間の停電などの思いもかけない異変や、予期できない現象が起きた場合などがある。

＊

　事故の原因を取り除くことは、事故を未然に防ぐことにつながる。しかし、原因がさまざまであるため、起こりうる事故を想定し、平素よりそれらに対応できる体制を整えることが重要となる。

4 プール事故の防止に向けた対応

　プール事故の防止は施設管理者によって行われなければならないものだが、利用者自身はもちろん、小児などを同伴した保護者も自己責任において行わなければならないものであり、それらを広く啓蒙していかなければならない。

■ 1.事故防止のための施設管理者の任務

　施設を管理・運営する側にとっては、以下の7つの事項が事故防止に必要な要素となる。

①安全なプール施設・設備
　排水口（環水口）の形状などに危険はないか、など、施設上事故につながる可能性のあるすべての要因を常に点検し取り除く。

②備品や遊具の安全な使用
　プール水面に浮かばせる遊具などで窒息を誘発させたり、死角ができたりしないようにする。

③施設の管理体制の強化・徹底
　プール・ライフガードの人員や配置など、最低限画一されたシステムで行われなければならない。

④ルールの周知・徹底
　施設内の床が濡れている場合は滑りやすくなることがあり、利用者が走って移動すれば転倒につながりかねない。また、水深の浅いプールで飛び込みをすることは、頭部を水底にぶつける恐れが大きい。
　施設のルールに「プールサイドを走ってはならない」「飛び込み禁止」などの決まりがあるのであれば、利用者がそのルールに従うことは、最低限、事故防止につながる行動になる。また、その施設利用のルールをどのように利用者に伝えるか、周知させるかについては、施設管理者がその確実な方法や手段を考えなければならない。

⑤体調が優れない利用者や体調の悪そうな利用者に無理をさせない
　どんなに十分な管理体制ができていても、利用者の身体にかかわる直接的な原因を取り除くことはできないため、できるだけ早く異変に気づく必要がある。体調が悪そうな利用者がいれ

施設のルールの掲示例

ば、声をかけて無理をしないようにさせ、または利用を遠慮していただくことも必要である。水中では水温や水圧の影響を受けやすく、陸上とは異なり不安定な場所となるため、血液循環ほか身体の変化を生じやすい。姿勢や呼吸のバランスを陸上での場合と同じようには保てなくなることをはじめ、普段泳げる人でも、急に溺水することがあることも見逃してはならない。また、これらを未然に防ぐためには、利用者自身が体調を管理することなども啓蒙していかなければならない。

⑥監視体制の強化・徹底

起こりうる事故にいかに迅速かつ確実に対応できるかが重要であり、最低限の技術と知識を身につけた人員を配置する必要がある。プール・ライフガード資格を取得した、基本的な訓練と研修を積んだ人員をあてるべきである。また、施設の環境や利用状況に合わせた配置が必要であるが、利用者が少ない場合であってもプールの監視人員を極端に減らすことは避け、監視上の死角を作ってはならない。

⑦救助・救護体制の整備と不可抗力による事故への対応

施設内外それぞれの避難場所を確認・周知するとともに、その避難方法や誘導方法をあらかじめ決めておくことは大切である。

また、緊急時対応計画(Emergency Action Plan〈エマージェンシー・アクション・プラン〉：EAP)をまとめ、常に実践できるようにし、近隣の消防署と連携したシミュレーションを行うべきである。あらかじめ想定される事故とその対応についての訓練が重要である。地震や津波のような自然災害や火災、長時間の停電などについては、利用者全員をプール内から上げて速やかに避難誘導する。

2.事故防止のために利用者に実施してもらうべきこと

プール事故の原因に利用者の身体的要因がある以上は、利用者側の意識も高めていく必要がある。理想的には下記の5つの事項のように、利用者自身が医療機関でのチェック(健康診査ほか)を受けることや、利用者自身が行えるチェック方法を周知させること、ウォーミングアップやクーリングダウンの励行が必要である。これらが徹底されれば、利用者自身にふりかかる事故を未然に防ぐことへとつながる。

1) 施設の仕様や構造・設備を十分理解したうえで利用する

プールの種類や構造、コースごとの水深など。

2) 施設のルールを理解し遵守して利用する

コースごとの設定事項や、飛び込みや潜行などの禁止事項など。

3) 体調が優れない場合には利用を控える

調子の悪い場合には、利用を中止したり利用時間を短くしたりするなど、無理をしない(例えば、血圧が正常値ではない場合の利用は控えるなど)。

4) 体調の管理(自分自身でできること)を行う

1) 定期的な検査
・健康診査の受診(医師から水泳やプール使用に制限がないこと)

2) セルフチェック
・事前チェック：血圧の測定(正常値の血圧であること)、体温の測定(平熱であること)。
・運動中のチェック：心拍数や気分など(めまいや立ちくらみ、息苦しさなどないか)。
・運動後のチェック：血圧、心拍数、呼吸数の確認(めまいや立ちくらみ、息苦しさや気持ち悪さなどないか)。

3) 十分なウォーミングアップとクーリングダ

ウ
- 運動前に必ず準備運動を行う。その後、水慣れしたら、入水後は強度の軽い運動からスタートする。
- 運動の終わりに必ず軽度の運動を行い、運動前のコンディションにゆっくりと戻す。ストレッチングやリラクゼーション効果のある運動などを行う。

5）年齢などに合わせた利用時の注意点

1) 子どもを連れて利用する保護者の役割

　小児・乳児の利用については、保護者が常に責任をもって監視を行い、単独での行動や入水をさせないように十分注意をする。

2) 高齢者や障がい者、リハビリ目的の利用者に求める注意事項

　健康増進や機能回復にプールでの運動は効果的であるが、単独での利用はできるだけ避け、家族など近親者とともに利用する。自力での歩行が困難であったり、日常生活で介添えが必要だったりする場合や、著しく体力が低下している状態での利用には十分な注意を要する。

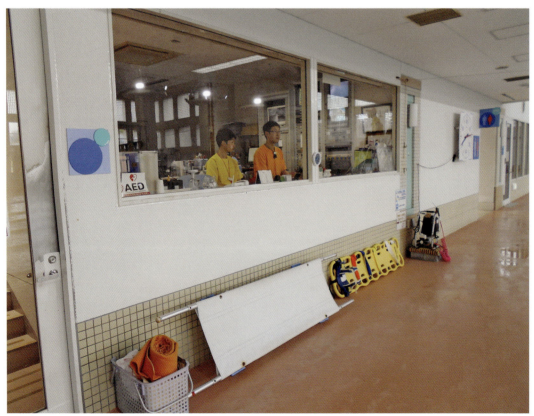

多摩市立温水プール・アクアブルー多摩の監視室の様子。プール全体を見渡せる位置にあり、プール・ライフガード（同施設ではライフセーバーと表記）が常駐。監視室の前には担架、バックボード、毛布等が配備され緊急時に備えている

第4章 プールの監視体制

- ▶1……監視に求められること◀
- ▶2……プール・ライフガードの人員配置◀
- ▶3……注意すべき利用者（溺者）の様子◀
- ▶4……監視時の注意事項◀
- ▶5……スキャニングの方法と種類◀
- ▶6……ゾーニングの方法と種類◀
- ▶7……パトロールの方法◀
- ▶8……ローテーションの方法◀

Ⅰ 監視に求められること

　子どもから高齢者まで不特定多数の人が利用するプールおよびプール関連施設や、多数の児童・生徒や学生が一斉に利用する学校プールなどでは、人が倒れたり急病人が発生したりすることを常に想定し、対応を準備しておくことが求められる。なぜなら、プール利用者の身体的要因により急病や心原性の心停止（心臓疾患や心臓になんらかの原因があって起こる心停止）が起こる可能性はゼロとはいえないからである。

　もしも心停止が疑われるような事態が生じた場合には、速やかに一次救命処置（BLS＝Basic Life Support、PBLS＝Pediatric Basic Life Support）を施し、同時に119番通報により、できるだけ早く救急隊に引き継ぎ、医療機関での二次救命処置が施されなければならない。これはプールのみならずスポーツ施設やレクリエーション施設など、人が集まる場所において共通の課題でもある。

　特にプールにおいては、水中での運動や遊泳中に意識を失った場合、水中に没することで窒息状態となり溺水する可能性がある。さらに、呼吸停止や呼吸原性の心停止（窒息が原因で起こる心停止）の危険が伴い、命にかかわる重篤な状況になりえる。生命にかかわる事故が生じた際にそれを見逃さずに、少しでも異変に気づいたら速やかに救助行動に移ることが重要である。そして、適切で効率のよい救助方法を選択できる技術や知識をもつことと、監視・救助にたずさわる体制の整備が必須となる。

　プール・ライフガーディングにおける"監視（スーパービジョン）"とは、常に起こりうる事故に対してすばやく異変に気づくことである。そして、それがその後に迅速な救助行動へとつながり、重大事故を防ぐための最も重要な役割となる。

　監視の方法には「スイーピング」と「スキャニング」の2つがあり（表4-1）、それらを使い分けながら監視を実践することが大切である。

◆表4-1　監視の方法：スイーピングとスキャニング

・スイーピング……見渡す
　受けもった監視領域の全体の水面上をなでるように見渡すこと。
・スキャニング……くまなく見る
　スイーピングを繰り返しながら、細部にわたって水面のみならず、水中の様子までより注意深く見ること。

2 プール・ライフガードの人員配置

　監視体制においてプール・ライフガードの人数と配置場所は、プールおよびプール関連施設と利用者の状況によって設定することが求められる。その際に検討すべき条件は次のようなものがある。

①施設の設備や形状、監視領域の広さ
　プールの数、種類、形状、水深、大きさや監視領域（プールサイドの総延長距離など）に合わせた配置。

②提供プログラム（アトラクションなど）の種類
　ウォータースライド、造波プール、流水プールなど特殊形状のプール施設およびアトラクションの有無やその種類と特色に合わせた配置。

③利用者の数
　プール利用者の人数に合わせた配置。

④利用者の泳力や年齢
　子どもや高齢者の利用状況に合わせた配置。

⑤利用者の施設利用の目的
　利用目的が、歩行などの水中運動なのか、それとも水泳能力の向上なのか、またはプールに設置されたアトラクションの利用なのかなど、施設利用者の目的に合わせた配置。

⑥危険箇所
　吸水量の多い排水口（環水口）、強い水流、水底が急に深くなる箇所の段差、壁面と床面の作る角など、水底やプール形状に変化のある場所、またはあらかじめ事故が想定できる場所などに合わせた配置。

⑦照明環境と太陽光の影響
　時間によって日陰になり水中の視界が悪くなったり、照明や太陽光が眩しかったり水面に反射して視界が遮られたりする場所など、環境に合わせた配置。

⑧使用する器具や設備（遊具、滑り台など）
　ウォータースライドに用いる浮力体や流水プールで用いるゴムボートなど、施設で利用できる遊具や設備に合わせた配置。

⑨利用上のルールとその周知・徹底
　幼児専用プールや成人専用コースといったように、年齢や泳力、目的によって利用者を制限したり、定時的に休憩時間を設けたりするなど、利用者に守ってもらいたいルールとそれを周知させるための配置。

⑩屋内プールまたは屋外プール、さらには両方がある施設
　屋内外での施設ごとの配置。

⑪予算配分
　プール・ライフガードは、人件費予算の範囲内で配置することになる。しかし、十分な予算を確保できないために十分な配置ができないということだけは、避けなければならない。

⑫指導者とプール・ライフガードとの協調
　プール内で水泳教室やエクササイズ・プログラムなどが実施される場合は、その指導者と連

動して参加者の安全に留意しなければならない。

　指導と監視の役割を同時に兼任することは難しい。指導者がいるからといって安心はせず、指導中の指導者をプール・ライフガードと同等として考えてはならない。

＊

　このほか、プール・ライフガードの人数と配置を決めるための判断基準として、「30秒ルール」が用いられることがある。それは、受け持ち領域のスキャニングにおいて10秒間で利用者の異変に気がつき、緊急事態であるかどうかを発見・判断し、その後の20秒間で救助行動をとり、人命を救うという努力目標で、米国の民間プール・ライフガーディング団体が提唱しているルールである。

　監視体制におけるプール・ライフガードの人員と配置場所については、これらを踏まえて検討することが大切である。

プールの数や形状に合わせて、プール・ライフガードの人員配置が必要

3 注意すべき利用者（溺者）の様子

1.溺者の特徴

実際に溺れた人の映像を観察した研究（Frank, Pia, 1974）では、溺者は静かである可能性が高く、手を振ったり、叫んだり、声を出す余裕はほとんどないといわれている。溺者が水没するまでの間に水面に浮いていられる時間は非常に短く、約20〜60秒間である。そのため、プール・ライフガードが水没前の溺者の様子をスキャニングで捉え、救助行動により水没寸前または水没直後のできるだけ早いタイミングで溺者を確保し、水面に引き上げることが重要となる。溺れてしまった人を救うのではなく、溺れそうな人を溺れる前に救うことを前提にしなければならない。

国内の水泳競技会で起こった溺水事故では、寸前まで泳ぎ続け、息継ぎをしなくなりそのまま動きがゆっくりとなって水没する姿が目撃されている。水没し窒息状態となった溺者に対しては、水中から引き上げた後に水面で気道確保し、できるだけ早いタイミングで人工呼吸を開始しなければならない。

2.注意すべきプール利用者（溺者）の様子

溺者が溺れる際に特有な体勢であることが考えられる。特に注意すべき様子が次の4つである。

このような場合は、プール・ライフガードは利用者を水中から引き上げ、できるだけ早いタイミングで人工呼吸を開始しなければならない。

①身体がほぼ垂直の状態になっている

ほぼ垂直の状態で苦しそうな表情をしている。水面に顔だけを出し、呼吸をしようとしている

足が水底に着かないプールで、ほぼ垂直の状態で、顔が水面ぎりぎりで目を大きく見開き、何かを訴えかけているような表情を見せ、呼吸がうまくできない状態でいる。小児などで多く見られる

②ほとんど、またはまったくキックをしていない／同じ場所に留まり、前に進んでいない

泳いでいる途中で前に進まなくなる。頭、背中は水面に見えているが、ストロークやキックが止まっていて、顔は伏せたままの状態でいる

③水中でぐったりしている／息継ぎ(呼吸)をせず顔が水中に没したままになっている

④水中に潜ったまま浮上してこない

水中や水底に沈み、動かなくなっている。意図して潜っているのか、溺れているのか、判別できない状態になっている

顔を水中に伏せており、頭と肩しか水面に見えていない。完全に足が下方へ沈み、動かない

顔を水中に伏せたまま、髪の毛が左右に広がり、横に大きくなびいた状態になっている

水中に沈んだままで、動かない状態になっている

3.そのほかの注意が必要な状況

①遊具（大型フロート類）の下

　水面に浮かばせて上に乗って遊ぶことができる大型の遊具（フロート類）は、水底の確認の際に死角となることがある（図4-1①）。また、フロートの下に潜って遊んでいて、呼吸をしようと水面に浮上した際に、大型のフロートが障害となり窒息状態になる可能性がある。大型フロートは軽量で小児も持ち運びができるものではあるが、上に小児が乗っていたり、2枚重なっていたりすると、下からは簡単に持ち上げることはできない。

②水中で使用する器具の下

　プールに浅瀬を作る（水深を調整する）ため使用するプールフロアは、本来その下側に防御板があり、人が潜れない構造になっている。しかし、なんらかの原因で防御板が外れてしまうと、小児が隙間に潜ることができる場合がある（図4-1②）。水中では狭い場所に頭側から入るのは簡単だが、足側に出るのは難しい。プールフロアを何枚か同時に使用する際には、その隙間に足が落ちてはさまることもありうる。

③プールのコーナー（隅）

　プールのコーナーの水底は、プールサイドから死角となりやすい（図4-1③）。

◆図4-1　注意が必要な場所と状況

①大型フロート類の下。人が乗っていたり、2枚重なっていたりすることで、下から押し上げることができないことがある

②水中で使用する器具の下

③プールのコーナー（隅）

4　監視時の注意事項

　ただ見ているだけでは異変に気づくことはできない。

　まず、どのように監視するか、どのようなことに注意するかを常に意識するとともに、「スイーピング」と「スキャニング」を使い分けながら集中力を欠かさずに監視するためにも平素からのトレーニングが重要である。

　監視を行う際のポイントとなるのが次の5つである。

①ゾーニング

　プール全体の監視領域の範囲（ゾーン）を平面上で複数に分けて、重複する部分を作りながら死角がない配置にすることを「ゾーニング」という。必ずプール・ライフガード同士の受け持つゾーンに重なる部分を作り、その範囲ができるだけ大きくなるようにすることが望ましい（ゾーニングについては後述する）。

②視線の動かし方

　常にプール内を前面にした姿勢をとり、前方半円形のエリアを水平方向に視線を移動させる。水上だけではなく、水中から水底にまで意識を働かせる。

③高さのあるタワー(監視台)の設置

　タワーを設置し、高い位置から監視する。高い位置からの監視は広域、広角に見ることができ、ゾーン全体への視野を広く保つのに有効である。

④プールサイドのパトロール

　移動することにより、同じ場所からだけでは判別しにくい状況の変化や、利用者の顔や表情などを近い距離から細やかに見て確認することができる。そして、利用者に声をかけたり、注意を促したりすることも必要に応じて行う。

⑤交代とレスト(休憩)

　疲労や集中力の低下は必ず起こるため、定期的な交代とローテーション（配置転換）は大切である。

　交代はプールから目を離さないように行う。また定期的に必ずレストをとるようにする（ローテーションについては後述する）。

⑥カバーするためのシフト

　緊急時だけではなく急用で移動する際など、定位置のプール・ライフガードが持ち場を離れる際には、そのゾーンをほかのプール・ライフガードがカバーできるパターンをあらかじめ確認しておき、いつでもその体制がとれるようにする。

5　スキャニングの方法と種類

◾︎1.スキャニングの原則

　スキャニングの基本は、まずスイーピングして受け持った範囲全体の状況を把握することが必要となる。そのうえで重要なことが次の7つである。

①視界をクリアにする
　視界は常にクリアで、遮るものがないような位置から見渡さなければならない。

②利用者の表情を見極める
　特に水面レベルでは、利用者の顔とその表情までを見極めるため、必要に応じて近くに移動する。利用者と距離がある場所では、双眼鏡などを用いる。

③水面の反射を抑える
　太陽光や照明による水面の反射は、最小限に避ける。監視中のポジションを変えることや、眩しい場合にはサンバイザーやサングラスなどを利用する。

④常に水面下が見えるようにする
　水面下が見えなくなるようなことがあってはならない。視界を遮るようなものは水面上から取り除き、監視上の死角を作らない。

⑤認知能力を高める
　積み重ねた経験や知識をもとに、常に最悪な事態を想定しつつプール内の状況や利用者の変化を捉え、的確な判断ができるようにする。

⑥兆候を見逃さない
　起こりうるトラブルの兆候を見逃さず、そして助けを必要としている人の動き（p.29の「注意すべき利用者（溺者）の様子」の項を参照）を理解しておく必要がある。

⑦感覚を駆使し、異変を察知する
- 視覚……泳いでいる人が多く混雑している場所でも、危険性の高い傷害や事故などが起きないよう利用者の様子をよく観察したり、天候状態の変化を見極めたり、ほかのライフガードの動きや位置を常に把握する。
- 聴覚……利用者の声を聞き分け、助けを求めたり、事故などを知らせたりする声にすぐに反応できるようにする。さらに水（注水・排水・環水など）の音、設備の機械音など、通常とは異なる音を察知する。
- 嗅覚……利用者の飲酒などによるお酒の臭いや、化学薬品が漏れたりあふれたりした際のなんらかの薬物の臭いに気をつける。さらに、タバコの不始末などによって生じた煙の臭いから火災を防ぐ。また、プール水の消毒薬などが適量であるかなどを察知する。
- 触覚……プール水の温度の変化や気温・室温、湿度などの状態に気を配る。また、天候の変化を感じとり、プールサイドやプールの周囲など施設内が濡れて滑る危険がないかなどを察知する。

■2.スキャニングの方法

スキャニングは、前述のとおり、くまなく見ることであり、スイーピングを繰り返しながら、プールの細部にわたって水面のみならず水中の様子までより注意深く見ることである。そのため、次のような点に注意しながら実施する。

①水中や水底のスキャニングを怠らない

水面だけではなく、水中や水底も注視してスキャニングを行う。

②絶え間なく行う

たとえ一瞬でも、見ていない時間を作ってはならない。

③利用者が何をしているのか、顔とその表情を注視する

1人ひとりの利用者の様子をしっかりと確認する。

④しっかりと顔を見て、可能な限りアイコンタクトをとる

利用者1人ひとりが安心して利用できるよう丁寧な対応をする。

⑤利用者の人数を数える

スキャニングする際に受け持ちゾーンの中に利用者が何人いるかを数えて、再度スキャニングした際に人数が変わっていたらその理由や原因を確認する。

⑥グルーピング

受け持ちゾーンの利用者を見て、溺れるリスクが少しでもありそうなグループがあれば、それを集団ごとに識別する。

⑦メンタルファイリング

利用者の傾向を把握し、おおよその泳力やスキルなどの情報を記憶する。また、スキャニングごとにその変化を見る。

⑧プロファイル・マッチング

危険および注意の必要な人の特有の動き（p.29の「注意すべき利用者（溺者）の様子」の項を参照）を意識しながら、実際の利用者の様子とを見比べる。

⑨追跡しながら見る

潜水をしている人や水遊びをしている子どもなど、溺れるリスクが高そうな利用者はその様子を常に追跡しながら見る。

⑩同じところをずっと凝視しない

一部のみを凝視し過ぎて、ほかを見過ごさないようにする。また、水平線上や遠い目標物にも視線をやり、目に負担をかけ過ぎないようにしながら行う。

⑪広い視野で動きを見極める

スキャニングとともに水面全体の広い範囲でのスイーピングも行う。

⑫不必要な会話や移動をしない

利用者と話をする時があっても、水面から目を離してはならない。

⑬屋外施設では、（天候や水質など）環境条件の変化も絶えず注視する

風雨、雷など雲の位置や流れのほか、水面の状況の変化を観察する。

⑭少なくても1時間に1回のレストをとる

施設やチーフ・ライフガードの判断により時

間が決められるものだが、少なくても１時間を超えるスキャニングは質の低下につながる。

3.スキャニングの質を高めるためのポイント

スキャニングを行う際に、その質を高めるために知っておきたいポイントを下記に紹介する。
1) 警戒心はわずか30分で低下する。
2) 低い位置からだけで行うと、水中や水底が見えない。
3) 水面は光を反射し、水中や水底の視界を妨げる。
4) 気温が上昇すると、警戒心が低下する。
5) ストレスは監視に悪影響を及ぼす。
6) 水分補給は注意力を高める。
7) その場でできる簡単な体操やストレッチなどは、交感神経系を刺激し、脳の大脳皮質において注意力を高める効果が期待される。
8) 経験の蓄積をプール・ライフガード同士で引き継ぎ、共有に努める。
9) プール・ライフガード自身の体内時計が、日中の注意力に影響する。
10) BGMは、穏やかな日であれば退屈さを緩和し警戒心を高める効果があるが、忙しい時間帯には警戒心の妨げになることもあるので注意する。
11) 定期的な訓練や現場教育は率先して実践する。
12) 時折、（抜き打ちの）実践的な救助訓練を行うことで、注意力の向上を促し緊張感を高める。

4.スキャニングパターン

監視を行ううえで、ただぼんやりと受け持ちエリアを見るのではなく、常に水面を平面上に視線を動かしながら、いくつかのパターンに基づいて変化をもった監視を行う。これは、集中力の低下を避けるとともに異変をすばやく察知するうえでも有効である。

◆図4-2　アップ＆ダウン・スキャニング

◆図4-3　サイド・トゥ・サイド・スキャニング

◆図4-4　サーキュラー・スキャニング

①アップ＆ダウン・スキャニング

　手前(下)から遠く(上)へ、遠く(上)から手前(下)へと縦方向に視線を移動させる方法である（図4-2）。

②サイド・トゥ・サイド・スキャニング

　右から左へ、左から右へと横方向に視線を移動させる方法である（図4-3）。

③サーキュラー・スキャニング

　手前(遠く)より右から左へ、左から右へと少しずつ遠く(手前)へ半円形に視線を移動させる方法である（図4-4）。

④トライアングル・スキャニング

　受け持ちエリア全体を大小さまざまな三角形（正三角形や直角三角形など）にあてはめた動きを作りながら視線を全体的に移動させる方法である（図4-5）。

⑤フィギュア・エイト・スキャニング

　8の字を作りながら視線を全体的に移動させる方法である（図4-6）。

⑥その他

　アルファベットの順に字形に沿わせて視線を移動させる「アルファベット・スキャニング」などがある。

◆図4-5　トライアングル・スキャニング

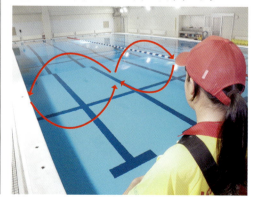

◆図4-6　フィギュア・エイト・スキャニング

5分を基準としたスキャニング戦略

　集中力を高め、効率よく確実なスキャニングを行うための方法を紹介する。

①目と頭を使ってゾーン全体を見渡し、スイーピングを行う。約10秒ごとに受け持ちゾーンをくまなく見渡すスキャニングを行う。

②同じパターンを用いて、受け持ちゾーンのスキャニングを5分間しっかりと行う。スキャニングパターンを用いた監視は、受け持ちゾーン全体をカバーでき、注意力を保持することができる。「アップ＆ダウン・スキャニング」「サイド・トゥ・サイド・スキャニング」を基本パターンとする。

③スキャニングの際に、まず水面下ならびに水底を見る。その後、水面を見て溺れそうな利用者や助けが必要な利用者がいないかなどの様子を見極める。

＊

　集中力の維持と眠気の防止のために、身体を動かすことや5分ごとに自分の姿勢やパターンを変えることが大切である。これにより集中力を高めたスキャニングを行うことができる。

6　ゾーニングの方法と種類

■ 1. ゾーニングの原則

　ゾーニングとは、プール・ライフガードの監視における受け持ち区域とその範囲（監視ゾーン）を決めることであり、タワーやプールサイド上のライフガードの基本位置を設定することである。
　ゾーニングを行ううえで大切なことは、プール内に死角となる部分ができないようにすることである。複数のライフガードの監視ゾーンの一部が重なるように設定する。
　プール監視は、緊急時に事故や傷病者の救助・救護に対応するプール・ライフガードのほか、通報やほかの利用者の誘導、救助・救護協力などを行うために、原則として2人以上の複数名で行わなければならない。
　例えば、学校プールやスイミングクラブなどで、多く見られる25mプール（25m×12.5m／水深0.9〜1.5m）を例にすると、プール外周は75mである。プール内で事故発生の場合、50mを8秒で走ることができ、25mを20秒で泳ぐことができるライフガード1人が、プールサイドを移動し泳いで救助する際、プール外周の半分の距離37.5mの移動に6秒、プール半分の直線の半分の外周からの最短距離6.25mに到達するのに5秒、合計して11秒かかることになる。「異変に気づいて（発見）、緊急事態であるかを判断するまでに10秒」という30秒ルール（p.28を参照）には合致しないが、最初から2人体制であれば10秒以内の救助は可能となる。

■ 2. ゾーニングの方法

①広範囲型〈1〉— 横配置

　監視ゾーンがプール全体であるのが広範囲型である。プールサイドの長い両翼に向かい合うようにライフガードを配置する（図4-7）。プール全体の同じ監視ゾーンを別々の方向から2人で監視する。

②広範囲型〈2〉— 縦配置

　監視ゾーンはプール全体であるが、主にプールの縦半分ずつを担当し、プール・ライフガード同士を最も離れた場所に配置する（図4-8）。同じ監視ゾーンを別々の方向から2人で監視する。

③集中型— コーナー配置

　監視ゾーンはプールのほぼ2／3ずつとなる。

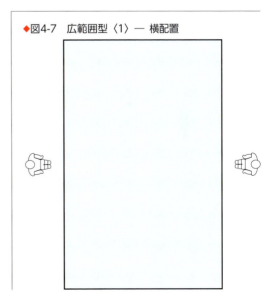

◆図4-7　広範囲型〈1〉— 横配置

◆図4-8　広範囲型〈2〉― 縦配置

対角となるコーナーに配置し、平面上の視野角度は最大で90度となり、2人で分担し集中した監視を行う（図4-9）。

④複合型〈広範囲型＋集中型〉

監視ゾーンを分担する集中型に加えて、プール全体を広範囲に監視する1～2人を横または縦（図は縦）で配置する（図4-10）。

⑤その他

プール・ライフガードの人員をさらに確保できるのであれば、集中型の監視ゾーンの範囲は同じまま、4人を各コーナーに配置し重複ゾーンを拡大する超集中型や、プール外周の各面に4～6人を均等に配置する均等集中型などもある。

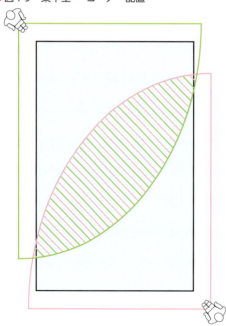

◆図4-9　集中型― コーナー配置

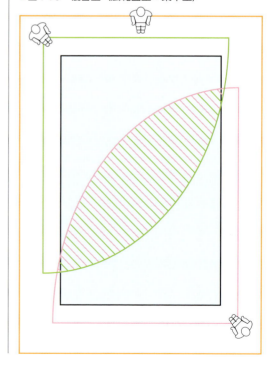

◆図4-10　複合型〈広範囲型＋集中型〉

以上のような型に加えて、下記のような事項にも配慮するとよい。

1) 空白を作らない設定

原則として、プール図面（平面）上でタワーなどが中心位置となるようコンパスで半円を描いて設定し、受け持ち区域の空白を作らないように配慮する。

2) 照明（屋外の場合は太陽）の位置

自然光の入る室内プールや屋外プールでは、午前・午後の時間帯によって水面での光の反射の様子が変化するので、タワーや監視位置を変える必要が生じる。

3) プールの形状に合わせた設定

プールの形状（広さ、形、水深ほか、ウォータースライドの位置など）に合わせて設定する。プール・ライフガードから最も離れた位置では、重なる部分が多くなるように配慮する。

3.カバーリング

①カバーリングの目的

カバーリングとは、基本ゾーニングからプール・ライフガード1人以上が移動する場合（交代、ローテーション時、プールサイドでの移動パトロール、緊急時対応計画〈Emergency Action Plan：EAP〉の実行発動時など）や必要に応じて持ち場を離れる際に、最も近い両サイドのライフガードが、監視エリアのカバーをする（持ち場の監視エリアを広げる）ことである。

カバーリングの目的は、常にプール内に監視上の死角を作らないことと、プール・ライフガードが事故に対応（救助・救護など）しているとき、同時に起こりうるさらなる事故にも対応できるようにすることである。

②カバーリングが困難な場合

カバーリングが困難な場合とは、事故が生じ救助・救護のために複数のプール・ライフガードが対応している場合など、ほかの利用者の安全を確保できる監視体制が整わなくなる状況のことである。

なお、チーフ・ライフガード（または施設管理責任者）により、カバーリングが困難と判断された際には、プール内の利用者全員を速やかにプールから上げる必要がある。これは、利用者の生命にかかわる重大事故が発生した場合や自然災害などの場合が対象となり、EAPの実行が発動された場合も同様である。

7　パトロールの方法

　プール・ライフガーディングにおけるパトロールとは、プールおよびプール関連施設内を定時的に巡回警備することである。同じ場所からだけでは判別しにくい変化を察知するため、プールサイドの決められたルートを移動しながら、プール内とプールサイド全体の両方を点検・確認・観察する。また、プール関連施設内全体の安全管理と環境整備も行い、盗難などの犯罪防止にも努める。さらに、必要に応じてプール利用者に対して、安全上・防犯上の注意喚起やルールの遵守などのコミュニケーションをとることが主な役割となる。

1. パトロールの種類

　パトロールの方法（巡回方法）は、主にプールサイドとプール関連施設の巡回警備とに分けられる。そのほか、プール水の管理やアトラクションにかかわる機械室などの巡回警備を定期的に行う場合もある。

①プールサイドのパトロール
・受け持ちプールの周囲を一方向に歩きながら巡回する。
・決められたルートを歩いて往復しながら巡回する。
・タワーとタワーの間の移動（交代や配置転換）時に巡回する。

②プール関連施設のパトロール
・採暖室、ジャグジー、シャワー、トイレ、更衣室などを順に巡回する。
・採暖室、ジャグジー、シャワー、トイレ、更衣室などを個別に巡回する。

2. プールサイドのパトロール時のポイント

　プールサイドのパトロールにおいては、移動しながらプール内とプールサイド全体の両方を監視・観察する。プール内は、利用者を対象にスキャニングを行い（p.33の「スキャニングの方法と種類」の項参照）、さらにプール内設備とその構造上に異変がないかを点検・確認する。プールサイドでは、休憩中や移動中の利用者の様子と、施設全体および備品・資器材を確認する。そのほか、パトロールで気づいた点があればプール・ライフガード間で情報を共有し、プールの安全環境の向上や防犯に反映させる。

　パトロールの際のポイントは次のとおりである。

1) プール内の危険箇所の点検・確認（表4-2）。
プール内で転倒や衝突の恐れがある箇所は、傷害だけではなく溺水などにつながる可能性もあり、危険箇所として注意が必要である。
2) プール内のゴミ、落ち葉、石や砂、虫、藻などの確認・除去。
3) 利用者の人数、健康状態や様子の確認（顔色、肌の色、表情、歩き方、持ち物など）。
4) 利用者の案内・誘導・施設内ルールの啓蒙。
5) プールサイド床面の水濡れ状態の点検・確認、拭き取り。
6) 貸出備品（ビート板など）の整理。
7) アトラクションや遊具の点検・確認。
8) 気温と室温の点検・確認。

9）プール水の点検・確認（水質、濁度、水温、臭いなど）。
10）不審物、不審者などの確認。
11）吐物、汚物、ゴミの清掃、除去。
12）落とし物、忘れ物の拾得、保管。
13）電気器具の点検、確認。
14）監視中のプール・ライフガードの確認（身なり、姿勢、態度、健康状態、配置など）。

◆表4-2　プールの危険箇所

- 吸水量の多い排水口・環水口（図4-11）
- 強い水流がある場所
- 水底が急に変化する場所
- 急な段差がある場所
- プール壁面と床面からなる角
- 水底やプール形状に変化のある場所
- ステップ（階段）付近（図4-12）
- 流水プールのカーブ付近
- ウォータースライドの着水付近　　ほか

◆図4-11　プールの排水口（環水口）

吸水量の多い排水口（環水口）が吸い込み事故につながるケースがあり、大きな問題となった。その後、全国のプールで一斉点検がされ、排水口の格子状の蓋をネジ、ボルトなどで固定し、さらに配管の取り付け口に吸い込み防止金具を設置する安全対策が施された

◆図4-12　プールのステップ（階段）

ステップや段差など水底の形状に急な変化のある場所や滑りやすいところなどでは、踏み外したり滑って転倒したりして、腰背部や後頭部を強打する傷害につながる

3.始業前点検と終業後点検

　開場前と閉場後のプール利用者がいない時間帯にプールおよびプール関連施設内を点検・確認することは、その日の監視ポイントを明確にし反省点を翌日以降に活かすうえで重要である。

①始業前点検

　プールおよびプール関連施設の開場前（利用者の入場前）の時間に、施設全体を点検する。機械の正常な動作、プール水（水質、水温、水流、水量、浮遊物、沈殿物など）、気象および室内環境（天気、気温、室温、湿度、換気状況など）、危険箇所、救助器材、貸出備品、清掃状態など、入場者が安心して利用できるかを確認し準備する。始業前のミーティングにおいて全スタッフで注意事項を共有し、開場時間までに万全な体制を整え、その日の監視やパトロールに活かす。

②終業後点検

　施設内の利用者が退場した後、プールおよびプール関連施設全体の点検・確認、清掃、忘れ物、落とし物などを確認する。さらに、救助器材、貸出備品などを翌日の利用に備え整理整頓する。終業後のミーティングにおいて全スタッフで、その日起こった出来事、事故、事態など申し送り事項を記録・共有し、反省点を翌日以降の監視、パトロールに引き継ぐ。

8 ローテーションの方法

プール・ライフガーディングにおけるローテーション(配置転換)とは、プール・ライフガードの定常作業の中で、タワー(監視台)での監視、パトロール(巡回警備)、待機、レスト(休憩)という役割分担と作業内容を、チーフ・ライフガードの指示により、決まった手順で定時的に交代することとその配置を換えることである。

タワー、パトロールの役割を補佐・応援するため、本部（ライフガード詰所）にはいつでも出動できるプール・ライフガードを待機させる必要がある。さらに、同じ役割と作業を長時間続けることは、集中力の低下と疲労の蓄積を招き事故防止に影響を及ぼすため、効果的にレストをとることが大切である。

1.ローテーションの基本パターン

プール・ライフガードのローテーションは、次のように行われる。

①順次送り
チーフ・ライフガードが交代の必要があると判断した配置箇所に、交代要員を順次移動させる方法。

②全体ローテーション
プールごとに全配置箇所のプール・ライフガードがほぼ同時に交代する方法。

③送り出し
プール・ライフガードの配置箇所に交代要員が到着次第、1箇所ずつ交代し、決められた一方向の順番で次の配置箇所に移動して行く方法。

●ローテーションの基本パターン例
1. タワー⇔レスト⇔タワー⇔待機⇔タワー
2. タワー⇔レスト⇔パトロール⇔待機⇔タワー
3. タワー⇔パトロール⇔待機⇔タワー⇔パトロール⇔レスト⇔パトロール⇔タワー
4. タワー⇔待機⇔パトロール⇔レスト⇔タワー

2.タワー（監視台）での監視の交代方法

タワーに配置されたライフガードは決してよそ見をせず、常にプールを注視しながら監視しなければならない。

もちろん、交代する途中でも監視が途切れることがあってはならない。なぜなら、交代時に目を離している間に異変を見落とし、事故の発見を遅らせることなどが生じるかもしれないからである。

①交代の方法〈A〉
レスキューチューブを持ったプール・ライフガードがタワーで監視を担当するパターン。
1) 交代のプール・ライフガードがタワー下の右（左）側に到着。交代に来たことを告げる（図4-13 ①）。
2) 交代のプール・ライフガードは、タワーのプール・ライフガードからレスキューチューブを受け取り、タワー下で監視を行う。
   その間に、タワーのプール・ライフガードが後ろ向きで監視台下に降りる（図4-13 ②、③）。
3) タワーのプール・ライフガードは、交代のプール・ライフガードとは反対側の左（右）側

◆図4-13　タワーの交代方法〈A〉

のタワー下に立ち、再びレスキューチューブを受け渡し、監視体制に戻る。申し送り事項があれば、このときに伝える。

その後、交代のプール・ライフガードがタワーに上る（図4-13　④、⑤）。

4）交代のプール・ライフガードがタワーに上り、監視を完全に交代する。タワーから降りたプール・ライフガードは最終確認をしてその場を離れる（図4-13　⑥、⑦）。

②**交代の方法〈B〉**

　器材や人員に余裕がある場合には、お互いにチューブを持った状態で交代を行ってもよい。

1) 交代のプール・ライフガードがパトロールしながらレスキューチューブを持ってタワー下の右（左）側に到着したら、交代に来たことを告げる。
2) タワーのプール・ライフガードの指示で交代のプール・ライフガードがタワー下で監視を行う。
3) その間にタワーのプール・ライフガードが後ろ向きでタワー下に降り、交代のプール・ライフガードと反対側の左（右）側に立ち、タワー下で監視体制に戻る。申し送り事項があれば、このときに伝える。
4) 交代のプール・ライフガードがタワーに上り、タワーの担当を完全に交代する。タワーから降りたプール・ライフガードは最終確認をしてパトロールしながら次の配置場所へ移動する。

第5章
プール・ライフガード

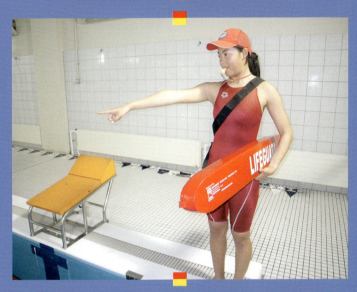

- 1 プール・ライフガードの役割
- 2 プール・ライフガードのユニフォーム
- 3 プール・ライフガードのコミュニケーション方法
- 4 プール・ライフガードの感染防止対策
- 5 プール・ライフガードに必要な基礎的技術

プール・ライフガードの役割

1. プール・ライフガードとは

「プールの安全標準指針」（文科省、国交省）においては、「プールを安全に利用できるよう、適切かつ円滑な安全管理を行うための管理体制を明確にすることが必要である。」としている。さらに、指針に基づく「遊泳プールの安全・衛生管理の解説」では、「プールの設置管理者は、適切かつ円滑な安全管理のために、管理責任者、衛生管理者、監視員及び救護員からなる管理体制を整えることが必要である。」としている。

プール施設では管理業務を別の会社などに委託する（契約のうえで任せる）場合もあり、それらの役割や名称については施設ごとに決められるものであるが、本書では、監視員・救護員に相当する役割について、プール・ライフガーディング講習会における資格取得者を「プール・ライフガード」とし、その統括責任者を「チーフ・ライフガード」と呼ぶものとする。また、日本ライフセービング協会では、衛生管理者および管理責任者に相当する役割を担えるよう、別途「アドバンス・プール・ライフガーディング講習会」を設定し、検定合格者に「アドバンス・プール・ライフガード」資格を付与している。

2. プール・ライフガードと利用者との関係

プールでの事故防止のためには利用者にもルールを遵守してもらうことが重要であり、安全上、時に厳重な注意が必要となることがある。しかし、利用者は自由に伸び伸びと泳ぐことや、健康増進やストレスの発散、楽しい時間を過ごすためなど、さまざまな目的で来場しており、本来その誰もが注意を受けることを望んではいない。プール・ライフガードは、利用者の利用目的を理解しながらも、安全優先を第一に考え毅然とした態度が必要になる。

また、注意喚起を行った際に利用者を不快にさせるような言動や態度を慎み、その後の印象を悪くして信頼関係を損なわないような配慮も同時に必要になることを忘れてはならない。プール利用者に対して、タワー（監視台）またはプールサイドから声をかけることは、利用者に対して見下した高圧的な態度での接客と受けとられることもある。そうならないように利用者とのコミュニケーションでは、（緊急時のやむをえない状況でないかぎり）タワーの上からではなく、できるだけそば近くの低い位置で視線を同じ高さにして丁寧に注意することを心がけなければならない。例えば、子どもに声をかける際には、子どもの視線に合わせてしゃがんで話すなどの配慮が重要である。これらの応対は、サービス業の接客技術と同様である。

さらにプール・ライフガードは常に利用者から見られていることを意識し、緊急時には、適切な救助や救護が行える頼もしい存在として、利用者に安心感を与えられるようにならなければならない。

3. プール・ライフガードに求められること

プール利用者に安心感を与えつつ、緊急時には適切な救助や救護を行うために、プール・ラ

イフガードには以下に挙げるようなさまざまな要素が求められる。

1）豊富な知識と熟練度

　プール・ライフガーディングに関連する知識を十分に身につけ、関連技術を常に磨き、訓練を重ねておくこと。

2）信頼度

　利用者、施設スタッフ、施設責任者、チーフ・ライフガード、プール・ライフガード同士それぞれからの信頼を得られる存在となること。

3）成熟度

　自信をもった行動や態度がとれ、心身ともに十分に成長していること。

4）丁寧さと一貫性

　言動が礼儀正しく、誰にでも行き届いた配慮を怠らず、常に注意深く入念な準備や行動がとれること。

5）積極性

　常に前向きで、先をみて進んで行動できること。

6）専門性

　プール・ライフガードとしての能力と自覚をもち、毅然とした態度で役割（業務）に従事できること。

7）健康な心身

　身体的にも精神的にも健康で良好な状態であること。

8）エクササイズ

　常に必要な訓練を欠かさず、継続的な練習や研鑽を重ね、体力の向上に努めること。

9）食事と適切な水分補給

　規則正しい食事を通して十分な栄養摂取を行い、こまめな水分補給をすること。

10）十分な休息

　常に集中して従事するために、業務中の休憩時にはしっかりと休息をとり、勤務のない休日にはしっかりと心身を休めること。

11）太陽光線から身体を守る

　屋外プールおよび太陽光が差し込む窓際で長時間従事することがある場合、身体を太陽光（特に紫外線）から守ること。専用のキャップ、アイウェア（サングラス）、専用の長袖シャツほか、タワーの日除けなどは必需品である。

12）感染防止

　創傷の手当などでは、素手で傷病者の血液や体液に触れるようなことはできるだけ避ける。

2　プール・ライフガードのユニフォーム

■1.ユニフォームの使用

　プール利用者はもちろん、誰からもすぐにプール・ライフガードだと識別できるユニフォームを着用することが求められる。
　その際、プールの環境（屋外の場合は外気温、屋内施設の場合はプール室温など）に合わせてライフガード・ユニフォーム（シャツ、短パン、水着、キャップなど）を着用するとよい（図5-1）。また、施設内の衛生面にかかわるスタッフでもあるため、清潔感のある身だしなみを心がけることも大切である。

■2.アイウェア（サングラス）の使用

　太陽光線や照明が眩しい場合は、適切なアイウェア（サングラス）を用いる。特に屋外施設や太陽光が差し込む屋内施設では、紫外線対策としても重要である。
　また、応急手当や一次救命処置の際に、血液や体液の飛沫が眼球へ付着することを防ぎ感染防止にも役立つ。

◆図5-1　ユニフォームの一例

屋内プールのユニフォーム

屋外プールのユニフォーム

上・下面や横面からの日光の侵入を防ぐことができるサングラスを使用するのが望ましい

■3. フットウェア（シューズなど）の使用

　ほとんどの屋内プールで、利用者は施設内を素足で移動するようになっている。長時間プール施設内にいるプール・ライフガードが素足でいることは、皮膚がふやけた状態となり、足に創傷を起こしやすくなるため好ましくない。また屋外の施設では、晴天時など床面が高温になることもあり熱傷の原因となるため、プール専用サンダルやシューズの着用が必要である。緊急事態にプールサイドやプール施設内を急いで移動することを考えれば、タワー（監視台）にいるとき以外は施設内専用シューズを着用することを推奨する。

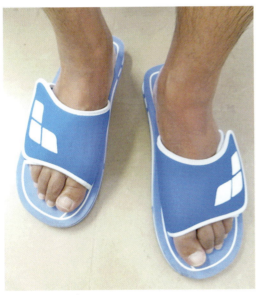

プール専用サンダル

■4. そのほかに常に携帯すべきもの

　後述するコミュニケーション手段として用いるホイッスルや、感染防止として用いるレサシテーションマスク、グローブなども携帯するとよい。

感染防止用のレサシテーションマスク

感染防止用のグローブ

3 プール・ライフガードのコミュニケーション方法

1.コミュニケーション・ツールの利用

プールでの事故防止のためには、プール・ライフガード間およびプール利用者とのコミュニケーションを十分に図らなければならない。

コミュニケーションを図るためのツールはいくつかあるが、それぞれのツールには特性があり、状況に応じて使い分ける必要がある。ツールの利用が適切であれば事故防止に大いに役立つが、使用方法や選択を誤ると利用者とのトラブルなども招きかねない。プール・ライフガードはその特性を理解したうえでコミュニケーション・ツールを選択し、事故防止に努める必要がある。

①ホイッスル（笛）

ホイッスルは、高く鋭い音で施設内に広く響くことで、注意喚起のほか、プール・ライフガード間のコミュニケーションや緊急時対応計画（Emergency Action Plan：EAP）の実行などに効果を発揮する。

しかし、いかなるときでもホイッスルを吹いて注意を促すだけでは、利用者に不快感を与えかねない。そのため、利用者が明らかにルールを守っていない場合や、マナーが悪いと感じた場合でも、周りにほかの利用者がいるところでは注意喚起の際には丁寧さや配慮が必要である。

ホイッスルの音の長さや回数で合図の内容をあらかじめ決めておき、プール・ライフガード同士の連絡や指示を示すことが多い。以下にその一例を示す。

1) 利用者へ注意喚起をする合図

短く1回「ピッ！」とホイッスルを吹く（図5-2）。利用者と視線を合わせ、必要であれば注意した理由を伝える。

2) プール・ライフガード同士でコミュニケーションをとる場合の合図

短く2回「ピッ！ピッ！」とホイッスルを吹く。

3) 緊急時対応（救助行動）の実行を示す合図

長く1回「ピー！」とホイッスルを吹く。ホイッスルを吹いてから救助にあたる。

4) ほかのプール・ライフガードの応援を要請する合図

片方の拳を高く上げながら、長く2回「ピー！ピー！」とホイッスルを吹く（図5-3）

5) 緊急度の高い事故を示す合図

長く3回「ピー！ピー！ピー！」とホイッスルを吹く。たとえば、重篤な溺者が発生した場合に用いられる合図である。

この合図を聞いたら、ほかのプール・ライフガードは利用者全員をプールから退水させ、チーフ・ライフガードは状況を把握したうえで119番通報を行う。

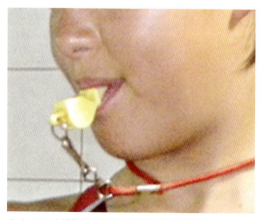

ホイッスルを使用する際には丁寧さや配慮が必要である

◆表5-1　ホイッスルの使用方法の一例

音の長さと回数	合図の内容
短く1回	利用者への注意喚起
短く2回	プール・ライフガード同士の注意喚起
長く1回	緊急時対応（救助行動）の実行
長く2回	プール・ライフガードの応援要請
長く3回	緊急度の高い事故（事態）を示し、119番通報および利用者全員の退水

◆図5-2　注意喚起のホイッスル

◆図5-3　ほかのプール・ライフガード要請のホイッスルとハンドシグナル

② **無線機（トランシーバー）**

　スタッフ間専用の周波数を使用してプール・ライフガード同士の交信ができるようにすることで、定時報告および交代時の連絡や緊急時の詳細報告ができ、無線機を持つすべてのプール・ライフガードが情報を同時に共有することができる。

　使用する場合は、本体から音声が漏れ、利用者や施設内に聞こえないようにイヤホンやヘッドセットなどを着用するようにするとよい。プール内の水中に入る際などには行動を報告のうえ、交信が途絶えることを必ず伝える。

③ **メガホン**

　プラスチック製のメガホンは、ある一方向へ遠くに声を届ける効果がある。反響が大きい屋内のプールなどで、プール・ライフガードの肉声を用いてある特定の利用者に向けメッセージを伝える際などに用いる。広範囲や多くの人へ聞こえるようにする効果はあまり期待できない。

④ **携帯電話・PHS**

　緊急時に必要に応じて現場から119番通報できる。スタッフの配置体制、人数など（施設の状況に合わせて）必要に応じて数名のプール・ライフガードに携帯させ活動にあたらせることがある。

◆図5-4 ほかのプール・ライフガードの応援要請の合図

◆図5-5 水陸共有のハンドシグナル

①「メッセージを受け取った」という合図

②「応急手当が必要」という合図

2.ハンドシグナルの利用

　プール・ライフガード相互のコミュニケーション方法において、最も早い伝達手段となり、音声や言葉を用いない手段として徒手を用いたハンドシグナルが基本となる。大きなメリハリのある動作で行い、遠く離れているプール・ライフガードにもすぐにわかるようにする。

　ほかのプール・ライフガードに何か状況を伝える場合に、大きな声で伝えることで、ほかの利用者を不必要に不安にさせたりすることにつながるため、ハンドシグナルは有効な手段である。

①水中でのハンドシグナル
●ほかのライフガードの応援を要請する合図
　片方の拳を握り、真上に高く上げる（図5-4）。

②水陸共有のハンドシグナル
1）「メッセージを受け取った」という合図
　頭上にて両手の手首を重ねてクロスさせる（図5-5①）。
2）「応急手当が必要」という合図
　身体の正面にて両腕を上下左右にクロスさせ

◆図5-6 事態や利用者の様子を示すハンドシグナル

①「緊急事態」という合図

る（図5-5②）。

③事態や利用者の様子を示すハンドシグナル

1) 「緊急事態」という合図

　片方の拳を握り、腕を90度に曲げて上下させる（図5-6①）。

2) 「普段どおりの呼吸なし」という合図

　片方の手のひらで口を覆う（図5-6②）。

3) 「意識なし」という合図

　片方の手のひらを顔の前で上下に振る（図5-6③）。

4) 「頚椎（頚髄）損傷の疑いあり」という合図

　片方の手のひら側面（小指側）を首に当てる（図5-6④）。

④行動を促すハンドシグナル

1) ほかの救助者の要請（手助けが必要）の指示

　片腕を真横に広げ、肘を90度に曲げて、指先を真上に挙げる（図5-7①）。

2) 利用者への指示

　指示を出している利用者を指さす（図5-7②）。

3) 「ローテーション（交代）して」という指示

　片腕を90度に曲げ、人差し指を立てて円を描くように回す（図5-7③）。

4) 「休憩して」という指示

　身体の前方で両拳の手首をねじり振る（図5-7④）。

5) 「私のエリアをカバーして」という指示

　片方の手のひらを頭上に向けた状態で上下させる（図5-7⑤）。

6) 「一緒に来て」という指示

　両手の人差し指を立てて、胸の前で合わせる（図5-7⑥）。

⑤レスキューチューブを用いたシグナル

1) 緊急事態でのほかの救助者要請の指示

　チューブを立てて両手で持ち、頭上で左右に振る（図5-8①）。

2) （緊急時ではないが）ほかの救助者要請（「誰か来て」）の指示

　チューブを立てて片手で持ち、その腕を横に広げる（図5-8②）。

3) 「OK／大丈夫（ほかの救助者はいらない）」という合図

　両手でチューブを持ち、頭上へ挙げる（図5-8③）。

② 「普段どおりの呼吸なし」という合図

③ 「意識なし」という合図

④ 「頚椎（頚髄）損傷の疑いあり」という合図

◆図5-7　行動を促すハンドシグナル

①ほかの救助者要請の指示

②利用者への指示

③ローテーション（交代）の指示

④「休憩して」という指示

⑤「エリアをカバーして」という指示

⑥一緒に来てという指示

◆図5-8　レスキューチューブを用いたシグナル

①緊急事態でのほかの救助者要請の指示

②ほかの救助者要請の指示

③「OK／大丈夫」という指示

4　プール・ライフガードの感染防止対策

　プール・ライフガードが応急手当や心肺蘇生を行うにあたり、特に血液や体液に触れることが考えられる場合には、医療従事者と同様に、常に感染防止に心がける必要がある。HIVやB型肝炎のほか、ウィルスによる感染には十分に注意が必要である。

①プラスチック製やラテックス製のグローブの使用

　出血を伴う創傷などの応急手当では直接血液に触れることは避けるべきである。また、心肺蘇生を行う必要が生じた場合にも、体液に触れることは避けるべきである。胸骨圧迫および人工呼吸のいずれの手技においてもプラスチック製やラテックス※製のグローブを着用することは大切である。

1）着用のポイント

　手当の直前に取り出し、清潔を保つように空中操作で素早く着用する。いつでも交換できるように予備のグローブもあらかじめ用意しておく。

2）着脱（取り外し）のポイント

　応急手当で用いた後は、グローブ表面に付いた血液や体液に直接触れないように外して、そのまま専用のゴミ袋に入れて処分する（図5-9）。

②フェイスマスクの使用

　心肺蘇生の人工呼吸（マウス・トゥ・マウス）を行う際には、感染防止用のレサシテーション

＊ラテックス：生ゴムの原料。ゴム植物の樹皮から分泌される乳白色の液体。ゴム質のほか、タンパク質、無機物を含む。各種用途のゴム製品のもととなる。

◆図5-9　ビニール製グローブの外し方

①血液などに触れないように片方を外す

②素手がグローブの表面に触れないようにして外す

③指の部分は丁寧に外す

④左右両方外したら、専用のゴミ袋に入れ処分する

マスクやフェイスシールドなどを用いることは大切である。

水中で窒息状態になった溺者に対して水面で人工呼吸を行う場合では、口鼻を同時に覆って人工呼吸（マウス・トゥ・マスク）の行えるポケットマスクが有効である。

③アイウェアの使用

応急手当や一次救命処置の際に、サングラスや防護用ゴーグルなどを使用することで、血液や体液の飛沫が眼球へ付着することを防ぎ、感染防止にも役立つ。

④フットウェアの使用

タワーにいるとき以外は施設内専用シューズを着用することが望ましいが、長時間素足でいることも多いため、不特定多数が利用する施設では足の皮膚病（特に水虫：白癬菌）の感染にも注意しなければならない。

衛生上、足拭きマットなどは特に伝染性の菌の温床となりうるため、マットをこまめに交換するなど、利用者だけでなくプール・ライフガード自身も十分に注意する。

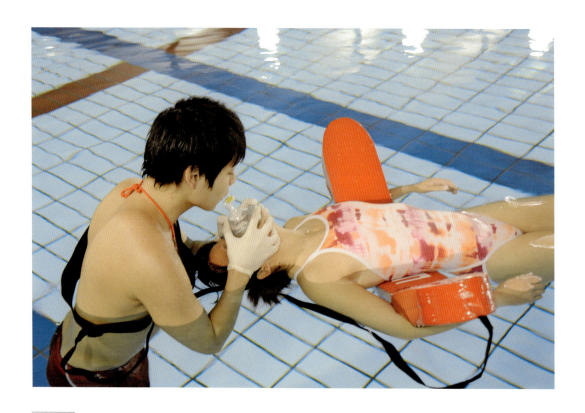

5　プール・ライフガードに必要な基礎的技術

　プール・ライフガードとして緊急時に即座に出動し溺者を救助できる技術をもつためには、平素からのトレーニングが重要となる。実際の事故を想定したシミュレーション・トレーニングも重要であるが、ここでは個々に身につけるべき泳法や泳力などの向上を目的とした内容について解説する。

■1.ウォーミングアップとクーリングダウン

　実際の救助の際には、あらかじめウォーミングアップをしておくことはできないため、いつ出動することになっても最大限のパフォーマンスが発揮できるようにする必要がある。ただし、平素のトレーニングにおいては、準備運動を行い、十分に筋温を上昇させた状態で速やかに主運動へ移行するようにする。

　特に水中でのトレーニングは体温より水温が低いため、陸上に比べ筋温が急速に低下する可能性があり、ウォーミングアップの効果の継続が短くなる傾向がある。また水の特性（粘性抵抗や浮力など）を活かし、関節を大きく動かす動作などでストレッチング効果も期待できる。さらに水圧により全身の血液循環に効果が期待できる。水中運動やウォーキングは十分ウォーミングアップになる。

　主運動を行った後には、クーリングダウンを行うことも忘れないようにする。プールでは、ウォーミングアップ同様に、水の特性を活用した水中運動やウォーキングをはじめ、リラクゼーションといった浮力や抵抗・粘性を活かした効率のよいクーリングダウンができる。

■2.プール・ライフガードに必要な泳法と泳力

①泳力の目安

　JLA ACADEMYではプール・ライフガードに最低限必要な泳力を次のとおりに定めている。

・クロールか平泳ぎで100m泳げること
・深さ1.5mまで潜れること

　また、アドバンス・プール・ライフガード資格に求められる泳力は次のとおりである。

・クロールか平泳ぎで50mを50秒以内、200mを5分以内で泳げること
・立ち泳ぎを2分以上続けられること
・潜行は15m以上行えること

　基本泳法であるクロール、背泳ぎ、平泳ぎについては最低限習得し、いずれの泳法でも上記の条件（潜行、立泳を除く）を満たすことが本来必要である。溺者のところへいち早く接近す

水中ウォーキングでウォーミングアップを行う、トレーニング中のプール・ライフガード

るうえでスピードが要求される。また、溺者を確保してからプールサイドまで水面で牽引（トーイング）する際においては、スピードだけではなくパワーも要求されることを忘れてはならない。基本泳法のほかに救助に必要な泳ぎ方があり、プール・ライフガードはこれらを習得することが重要である。

②**基本泳法**

下記の3泳法は最低限習得しなければならない泳ぎ方である。
・クロール
・背泳ぎ
・平泳ぎ

なお、バタフライは直接必要な泳ぎ方ではない。しかし、習得することで泳ぎに幅が出るだけではなく、潜行時など状況によってドルフィンキックが有効になることもあるので、余裕があれば練習を行うことを推奨する。

③**そのほか救助に必要な泳ぎ方**

1）横泳ぎ（サイドストローク）

競泳では教わらない泳ぎではあるが、サバイバル・スイミングやライフガーディングでは重要な泳法である。

顔が常に水面上に出て呼吸がしやすく、救助においては溺者や救助器材を片腕でつかみ水面で引っ張る方法（トーイング）で横泳ぎを活用することがあり、溺者を観察しながら泳ぐことができる。

・身体を横向きにした状態で水底側の胸の前で両手を揃え、下側の腕は手のひらを返しながら前に伸ばし、上側の腕も同調させて足の方向に水をかき、腿の内側に触れる（図5-10 ①）。
・両脚を揃えたまま膝を曲げ、次に前後に開いて、上側の膝を前方に出し、同時に下側の足

◆図5-10　横泳ぎ（サイドストローク）

①
顔は上に向けて顎を軽く引き、両耳が水に触れる位置とする。両腕はともに肘を曲げて顎下下側の肩近くに置く。脚は、前後に大きく開く。

②
前後に開いた脚を、下側の足の甲と上側の足の裏で水をあおるようにはさみ、合わせる。

③
上側の手は、手のひらを上側の脚につくまで水をかく。下側の手は、頭の先の水面近くに手のひらを下にして伸ばす。

④
上側の手は、上側の脚につけ、下側の手は、進行方向に伸ばす。脚は、左右を合わせて両足を揃える。

の裏はお尻に触れるようにする（図5-10 ②）。
- 前後に開いた両脚で水をはさみ、後ろの膝を伸ばしながら足首のあおりを利かせて、上側の足の裏と下側の足の甲が重なるように伸びをとり、推進力を得る（図5-10 ③）。
- このときに両腕と両脚を同調させ、前に伸ばした下側の手の指先と両足のつま先が一直線になるようなタイミングと、安定した姿勢がとれるようにバランスにも注意する（図5-10 ④）。

2）逆あおり

横泳ぎに対し、上半身を立て、足の動き（あおり足）は下側の脚を前方に、上側の脚を後方に出す、上下逆方向へ足をあおる泳ぎ方である。

特に、溺者に密着して牽引する場合に溺者を観察しながら、かつ、自分の足と溺者の接触を防ぐのに有効な泳法となる。
- 横泳ぎの足を逆にして、上側の足が後ろ側にくる、あおり足にする。
- 身体は水面に横にならず、腰から上は直角に近い姿勢をとる。
- 手のかき方は、水底側の肘を直角に曲げた状態から、自分の胸の前を通って、溺者の身体の下に水をかき入れる要領で小さく浅くかく。

※日本赤十字社水上安全法講習で習得可。

3）ヘッドアップスイム

水面上の目標物を見失わないように、顔を正面に向けて目視をしながら移動する場合に用いる。また常に顔を水面に出したまま、陸上と同じように呼吸ができる泳ぎ方で、クロールおよび平泳ぎに用いる。救助の際に必要な泳ぎ方である。

4）潜水

水中に潜ることを「潜入」、水中で移動することを「潜行」、水中から水面に戻ることを「浮上」と分けられるが、それらの総称した動作を「潜水」という。

水中で設備の確認をしたり、水没した溺者を救助する場合に用いる技術である。

長時間、水中で作業する場合などには、スイミングゴーグルや潜水用マスクのほかシュノーケル、フィン（足ひれ）の使用が望ましい。

[潜入]

- ヘッドファースト・ダイブ
（頭から潜る動作）

水面にうつ伏せで浮いた（伏し浮き）姿勢から、前回りの要領で手のあおりを利用して腰を曲げ、頭を真下に向け、脚を上げて潜る（図5-11）。

◆図5-11　潜入〈ヘッドファースト・ダイブ〉

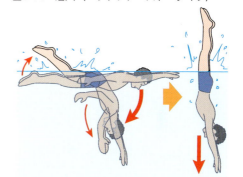

水面でうつ伏せで浮いた姿勢から、頭を真下に向け、脚を挙げて潜る

◆図5-12　潜入〈フィートファースト・ダイブ〉

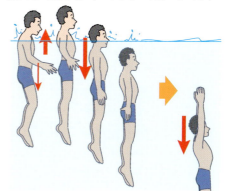

身体や腕の重さを利用して、足側から潜る

・フィートファースト・ダイブ
（足側から潜る動作）

両手で水を押さえながら、水面上に垂直に体を出す。沈む力に両手のあおり（水中から水面に向かって水をかく）を加えて足から真下に潜る。もしくは図5-12のように水中から両腕を出すことで潜ることもできる。

[潜　行]

水中を水平方向に前進する方法（水平潜水）である。

平泳ぎやクロールのキックやドルフィンキックを用いる。腕の動作は平泳ぎと同じように前方から水をつかみ、そのまま後方へ押す動作で伸びをとる。さらにキックと同調させて、大きく伸びる動作をとるのが基本動作となる（図5-13）。

[浮　上]

水中から水面へと上昇する方法である。

上を向いて水面をよく確認しながら、片手を伸ばしゆっくりと行う。深いところから上昇する場合は、呼気の泡が進む方向に（上方向）を確認し上がる。浅いプールでは、上下がわかるため、この方法を用いて上方向を確認する必要はない。

5）立ち泳ぎ

水面から常に顔を出し、同じ位置にとどまりながら、陸上と同じように呼吸ができる姿勢で浮き続けることができる基礎的な技術である。

深いプールにおいて水面に浮きながら作業を行ったり、救助動作を行ったりする場合のように、さらに長時間浮いていることが求められるサバイバル・スイミングにおいて重要な技術である。

立ち泳ぎには、主に巻き足、踏み足、はさみ足があり、両手が使える場合はスカーリング技術（次項を参照）との併用でさらに安定することができる。

顔（口、鼻）を水面から出し、胴体は垂直にし、下半身、特に股関節、膝、足関節を柔らかくして、歩行動作の延長のような左右交互の自然な膝の曲げ伸ばし動作を基本に練習する。

◆図5-13　潜行

①水中姿勢をとり水中で伸びる

②平泳ぎと同様に前方から水をつかみ、足を引きつけてキックの準備をする

③後方に水を押す動作とキックを同調させて、大きく伸びる

◆図5-14　立ち泳ぎ〈巻き足〉

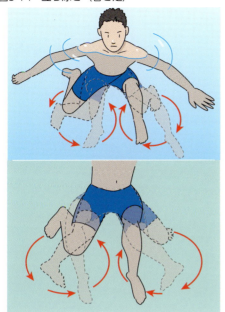

①身体は水面に対して垂直に構え、両脚は90°以上大きく開く
②膝を中心に、左右の足を交互に内側に回転させる（巻く）

◆図5-15　立ち泳ぎ〈踏み足〉

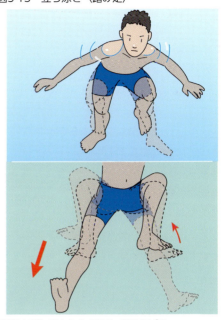

①両脚は90°以上大きく開き、膝を曲げる
②左右交互に足の裏でやや後方に水を強く踏む

◆図5-16　立ち泳ぎ〈はさみ足〉

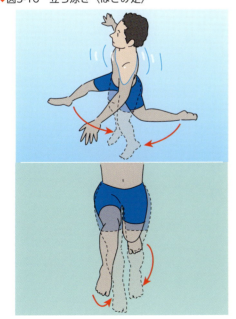

①左右の足を前後に開く
②開いた足を閉じることで水をはさむ。「あおり足」ともいう

・**巻き足（エッグビーター・キック）**……左右の脚を肩幅ぐらいに開き、つま先で外側から内側へと弧を描くように回転させ、足の甲と足裏全体で水の抵抗を感じながら、ゆっくりと大きな動作で行えることが望ましい（図5-14）。

・**踏み足**……足の裏全体で左右交互に下方向へ水を押し、膝を伸ばす際に身体は左右に少し傾きながら浮く技術となる（図5-15）。

・**はさみ足**……前後に大きくバタ足をする動きとなる（図5-16）。足にフィンを装着している場合はこの方法で浮身をとるとよい。

〈練習方法〉

まず、下半身の練習では、陸上で椅子に浅く腰かけながら動作を確認し、慣れてきたら少しずつ大きな動作へと移行していく。プールサイドに浅く腰かけて水の抵抗を感じながら同様に練習ができるようになったら、次に正しい水中姿勢をとるためにキックボードやレスキュー

チューブなどの浮力体につかまりながら水中で同様に練習していく。

　いきなり完成形の練習を繰り返すのではなく、小さなステップ（段階）を踏んだ地道な練習で習得を目指すことを推奨する。

6）スカーリング

　スカーリングとは、水をとらえるための技術で、手のひらの動作で生まれる揚力を使って体をコントロールするとともに、浮力をつくる動作である。各種泳法にとって推進力を得るために重要な上肢の基本動作である。

　手・前腕・上腕を連動させた動作により水をとらえ、浮力、前・後進、回転力を生み出し、身体をコントロールすることができる。

④救助器材を用いた泳ぎ方

1）レスキューチューブを抱えての入水

　レスキューチューブ（ウォーターパークチューブも同様、以下同）の本体中央を胸の前に当て、両脇で抱えて入水する（図5-18）。

◆図5-18　レスキューチューブを抱えての入水

①レスキューチューブを胸の前に当て抱える

②ストライドジャンプ（片足からの入水）

③フォールイン（両足を揃えての入水）

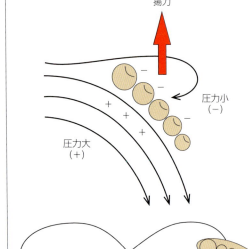

◆図5-17　スカーリングにおける揚力発生の仕組み

手のひらで渦をとらえ、手のひら側（＋）と甲側（−）の圧力差を大きくすることによって揚力を生む
（本間三和子．2014.「シンクロナイズドスイミングの科学」p.391：日本水泳連盟編「水泳コーチ教本第3版」大修館書店、p.391.）

2）レスキューチューブを用いたクロール

　レスキューチューブの本体中央を胸の前に当て、両脇で抱えて入水したら、本体を少し腹部側へずらした位置でヘッドアップ・クロールを行う（図5-19）。

3）レスキューチューブを用いた平泳ぎ

　レスキューチューブの本体中央を胸の前に当て、両脇で抱えて入水したら、本体を少し腹部側へずらした位置でヘッドアップでの平泳ぎを行う（図5-20）。

◆図5-19　レスキューチューブを用いたヘッドアップ・クロール

◆図5-20　レスキューチューブを用いた平泳ぎ

4）レスキューチューブを用いたそのほかの泳ぎ

レスキューチューブの本体中央を胸の前に当て、両脇で抱えて入水したら、本体を少し腹部側へずらした位置でヘッドアップして、平泳ぎのストロークをしながらクロールのキックを行う（図5-21）。

◆図5-21　レスキューチューブを用いたそのほかの泳ぎ
（平泳ぎのストローク＋クロールのキック）

第6章
緊急時対応計画

- 1 プールにおける緊急時とは
- 2 緊急時対応計画を立てるための考え方
- 3 緊急時対応計画を行ううえでの基本的行動
- 4 状況別にみる緊急時対応計画の対応
- 5 溺水に関しての緊急時対応計画の実際
- 6 緊急時対応計画への準備

I　プールにおける緊急時とは

■1.緊急時の定義

　緊急時とは、ただちに救助や手当を行わないと生命の危険が伴う傷害または急病が発生した場合である。また、一度に複数名の傷病者が医療機関での診療が必要と判断された場合や、複数名の利用者の避難誘導が必要と判断された場合も相当する。

　特にプールにおいては、溺水などにより水中で意識を失う傷病者が生じた場合、たとえすぐに意識を取り戻したとしても、ただちに医療機関での診療を受けさせる必要がある。

　さらには、災害などにより利用者の多くに危険が迫ったり施設利用が困難になったりした場合や、利用者の避難誘導が至急必要な場合もこれにあたる。

■2.プール・ライフガーディングにおける緊急時対応計画の必要性

　緊急事態発生の際に、その事態に合わせて混乱なく対応できるように、あらかじめ想定される事故および事態について整理しておく必要がある。

　プール・ライフガーディングにおける緊急時対応計画（Emergency Action Plan〈エマージェンシー・アクション・プラン〉：EAP）は、プール・ライフガードの具体的な行動と役割・分担を取り決め、報告・連絡および指示命令系統をアルゴリズムにもとづいて明確にし、どのような場合でも冷静に的確に対処できるように計画・準備しておくものである。

2 緊急時対応計画を立てるための考え方

■1. 救助・救護が必要な状況とは

プールおよびプール関連施設内において救助が必要な状況とは、利用者が下記のような場合である。
・泳ぐことが継続できない場合
・浮いていることができない場合
・水中で顔を伏せたまま動かなくなり、呼吸をしない（またはできない）場合
・潜水したまま浮上しない場合
・助けを求めている場合
・そのほか

また、救護が必要な状況とは、利用者が下記のような場合である。
・急病が発生した場合
・自力で歩けない、または歩くのが困難な場合
・転倒している、またその後に立ち上がれない場合
・出血している場合
・顔色、皮膚の色がすぐれない場合
・顔の表情がさえず、動作やしぐさが悪い場合
・嘔吐や失禁があった場合
・喉になにか物を詰まらせ、苦しそうにしている場合
・手当を求められた場合
・そのほか

■2. 救助行動・救護行動でとるべき対応

プールおよびプール関連施設内において事故が発生した際、プール・ライフガードは、事故（事態）の状況確認とともに速やかな救助行動・救護行動をとることが求められる。

発生場所では、状況確認のほか、二次事故および二次災害の防止を優先し、利用者およびスタッフの安全を確保する。さらに、目撃者がいればその証言を得る、といった対応をとる。

また、溺者および傷病者へは、反応（意識）の確認、呼吸の確認、全身の状態の観察を行い、「傷病者記録票」（図6-1）などを用いて基本情報を記録する。また、救急車要請が必要な場合には「119番通報（救急車要請）カード」（図6-2）などを用いて基本情報を伝達する。

たとえば、救助行動では、まず、事故発生場所の監視ゾーンを担当しているプール・ライフガード1人が事故現場に急行し、救助活動を開始する。重篤溺者（一次救命処置〈BLS〉が必要）と判断した場合、応援のプール・ライフガードを要請し、2人以上のプール・ライフガードにより救助活動を行うことになる。

また、救護行動では、まず、事故発生場所へ待機中のプール・ライフガード1人が急行し、救護活動を開始する。重篤な傷病者であったり、自分1人では手当が困難だったりする場合には、応援のプール・ライフガードを要請して2人以上のプール・ライフガードにより手当を行う。

なお、監視担当者が救助活動を行う場合にはその左側（または右側）のプール・ライフガードが監視ゾーンをカバーしたり、複数が救助にあたる場合には待機のプール・ライフガードが交代して行ったりといったカバーリングを行う。

また、BLSが必要な場合は、プールサイドにAEDほか、バックボード、グローブ、レサシテーションマスク（またはフェイスシールド）、タオル、毛布ほか、ファーストエイド・ボックス、バケツなど必要な資材を準備する。

◆図6-1　傷病者記録票

傷病者記録票 ※持出厳禁　記入日時　　年　　月　　日（　曜日）午前・午後　　：

ふりがな				電話番号	－	－
傷病者氏名		男・女	生年月日	明・大・昭・平	年　月　日生（　）歳	
住　所					ロッカーNo.	
既往歴等	有・無　病名・診断名：		病院名：			
	有・無　病名・診断名：		病院名：			
服用薬	有・無　薬剤名：					
同行者	有・無　同行者氏名					
状　況	溺水　・　飛び込み（頚髄損傷疑い）　・　熱中症疑い　・　意識障害 骨折　／　脱臼疑い　・　打撲　／　捻挫疑い　・そのほか（　　　　　）					
意　識	清明・無　　JCS（　1　2　3　　10　20　30　　100　200　300　）					
BLS実施	有・無　開始時刻　午前・午後　　：　　　　担当ライフガード：					
AED使用	有・無　装着時刻　午前・午後　　：　　　ショック　有・無　ショック回数　　回					
呼　吸	有・無　（　　）回／分　　脈拍　有・無　（　　）拍／分					
顔　色	正常　チアノーゼ　蒼白　紅潮					
出　血	有（多・少）・無　　部位（　　　　　　　　　　　　　　　　）					
痛　み	有（強・弱）・無　　部位（　　　　　　　　　　　　　　　　）					
発見場所 発見時の様子						
発見時刻	午前・午後　　：					
119通報時刻	午前・午後　　：		引き継ぎ時刻　午前・午後　　：			
付添人 氏名		続柄 間柄		連絡先	－	－
その他特記事項						

記入者氏名　：

◆図6-2　119番通報（救急車要請）カード

119番通報（救急車要請）カード						
記入日時	年　　　月　　　日（　曜日）午前・午後　　　：					
傷病者の情報							
傷病者氏名			性別	男・女	年齢	歳
同行者	有・無		同行者氏名			
状　況	溺水 ・ 飛び込み（頚髄損傷疑い） ・ 熱中症疑い ・ 意識障害 骨折／脱臼疑い ・ 打撲／捻挫疑い ・ そのほか（　　　　　）					
意　識	清明 ・ 無　　　JCS（ 1 2 3　　10 20 30　　100 200 300 ）					
呼　吸	有 ・ 無　　　　　　　　　　　　　　　　　　　　（　　　）回／分					
脈　拍	正常　速い　遅い　強い　弱い　　　　　　　　　　（　　　）拍／分					
顔　色	正常　チアノーゼ　蒼白　紅潮					
出　血	有（ 多 ・ 少 ）　無　　　　　部位（　　　　　　　　　）					
痛　み	有（ 強 ・ 弱 ）　無　　　　　部位（　　　　　　　　　）					
病歴　治療中	有 ・ 無　　　（　　　　　　　　　　　　　　　　　　　）					
既往歴	有 ・ 無　　　（　　　　　　　　　　　　　　　　　　　）					
服用薬	有 ・ 無　　　（　　　　　　　　　　　　　　　　　　　）					
発見場所						
発見時刻	午前・午後　　：					
119通報時刻	午前・午後　　：		引き継ぎ時刻	午前・午後　　：	
付添人 氏名			続柄・間柄		連絡先	－　　－
記入者氏名：							

第6章　緊急時対応計画

3 緊急時対応計画を行ううえでの基本的行動

1.プール・ライフガーディングにおける指示命令系統

EAPの実行にあたり、プール利用の制限や施設の一時閉鎖などが行われることがある。プール・ライフガードは、実行後、プール管理責任者ならびに施設責任者への報告が求められる。緊急時に迅速な救助・救護のみではなく、報告・連絡・相談を怠らず速やかに行い、必要な判断と指示・命令に従って統率のある行動をとるよう心がける（図6-3）。

防災センターが設置されているような大型施設などでは、防災センターが施設全体の指示命令系統の拠点となることもある。

◆図6-3　指示命令系統の例

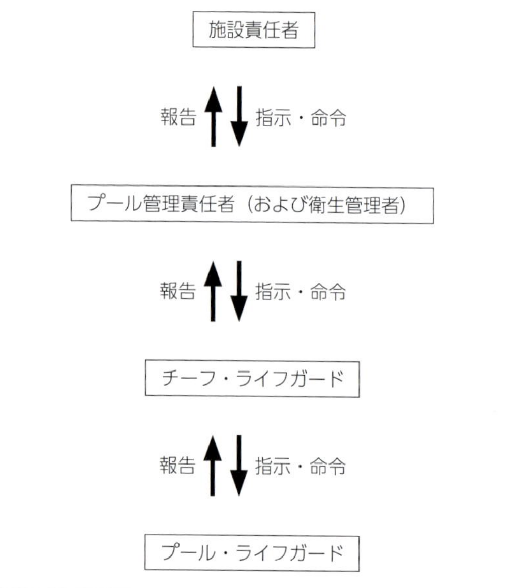

施設責任者

報告 ↑↓ 指示・命令

プール管理責任者（および衛生管理者）

報告 ↑↓ 指示・命令

チーフ・ライフガード

報告 ↑↓ 指示・命令

プール・ライフガード

2.緊急時対応計画の種類

プール・ライフガードによるEAPは、その実行に伴い、利用者などへの救助・救護活動が必要な状態が生じているか否かにより対応計画が分かれ、大きくは次の2つに分けることができる。

①「救助・救護から救急車要請まで」を行う

プール・ライフガードによる救助・救護が必要な状態が生じ、その傷病者が迅速に二次救命処置への引き継ぎが必要であると判断され、重篤な状態である場合に行われる。

②「利用者の避難誘導」を行う

利用者の多くに危険が迫り、避難・誘導が必要な場合に行われる。

3.緊急時対応計画の実行

ここでは、プールでの救助の場合（前項で示したうち、「救助・救護から救急車要請まで」を行う場合）を想定して紹介する。

①EAP実行の合図

EAP実行の合図はそれぞれの施設において決めてよいが、本書では「ピーッ！」と1回の長いホイッスルを吹くことを救助行動の開始を知らせるEAP実行の合図とする。

②溺者が重篤な状態であると判明した場合

EAP実行の合図を出し、救助のために溺者（傷病者）に接近しているプール・ライフガード

は、溺者が重篤な状態であると判断した場合には、ただちにほかのプール・ライフガードへの協力要請を意味する、片方の拳を大きく上方に伸ばすシグナルを行い、2回の長いホイッスルを吹く（図6-4）。ほかのプール・ライフガードは、この2回の長いホイッスルの音が鳴ったら、プール・ライフガードのうちもっとも近い距離にいる者が救助の協力に向かう。

また、チーフ・ライフガードは、救助の様子を確認しつつ、別のプール・ライフガードを現場に急行させ、必要に応じて救急車の手配を行う。なお、各プール・ライフガードは、救助に向かったプール・ライフガードが担当していた監視ゾーンをカバーするなど、すぐにそれぞれの役割を担わなければならない。

③溺者が明らかに意識がない場合

溺者に接近して明らかに意識がないと判断できた場合は、長いホイッスルを3回吹き、ほか

◆図6-4　協力要請の合図

片方の拳を大きく上方に伸ばすシグナルと長いホイッスルを2回吹く

のプール・ライフガードへの協力要請（片方の拳を大きく上方に伸ばすシグナル）を行う。3回の長いホイッスルが鳴ったら、あきらかに緊急度の高い事故が生じているという意味のため、各プール・ライフガードはチーフ・ライフガードからの指示を確認し、プール利用者全員を速やかに退水させる役割を担わなければならない。

4 状況別にみる緊急時対応計画の対応

■1.利用者全員を
　プールから上げる場合の対応

　ここでは事故現場のプールおよびプール関連施設の一次閉鎖を含む場合を想定して解説する。

　EAPが実行され緊急度の高い事故（事態）であった場合は、原則として当該プールの利用者すべてを一度プールから上げ、プールサイドなどの安全が確保できる場所で待機させる。その後、プール利用上の安全が確認されるまで、当該プールの利用を一時停止する。

　また、下記に挙げた状況においても、事故（事態）が起こったプールの利用を一次停止する。状況によってその時点から施設閉鎖を検討し、プール施設管理責任者とチーフ・ライフガードが協議のうえ、必要であれば施設閉鎖を実行する。

・傷病者の救助や救護にプール・ライフガードの要員をとられ、同一プール施設のほかのプールおよびプール関連施設の安全体制が整わないと判断された場合
・事故の原因がプール施設にあると疑われる場合
・同様の事故が繰り返される可能性がある場合
・警察などからの指示があり、事故現場の保全が必要な場合

　プールの利用を停止した場合は、利用者に館内放送などで案内（説明）するとともに、係員が直接説明を行う。利用停止や待機時間が長引くようであれば、利用者の体調に配慮し、待機中の利用者に対してタオルなどで身体の水滴を落としてから、保温するよう促す。

■2.プール内（水中）での
　緊急事態への対応

　ここではプール内で起こりうる救助の必要な事態のうち、主な4点について解説する。

①溺者が発生した場合
〈対応の原則〉

⇒溺者の意識の有無にかかわらず、ただちに溺者を救助し、プールサイドへ移動させる。救助にあたっては、救助するプール・ライフガードがプールのどこから入水し救助するかを瞬時に判断し、溺者を確保した後はどの位置でプールから上げるかをプールサイドにいるほかのプール・ライフガードが指示するとよい。なお、救助するプール・ライフガード自身がプールから上げる位置を判断しなければならない場合は、確保位置からプールサイドまでの距離がもっとも短く、かつ障害物のないルートで溺者を牽引し救助する。

②頸髄損傷の疑いがある傷病者が発生した場合
〈対応の原則〉

⇒ただちに頸髄損傷の疑いがある傷病者を救助し、プールサイドへ移動する。飛び込み事故など、少しでも頸髄損傷の疑いがある場合は、最初の確保の時点から頸部の動揺を抑えることを優先する（第8章を参照）。

［競技用プール内で起こった事故などの場合］
⇒水泳中に呼吸をしなくなり、やがて動作がゆっくりとなって沈んでいくことが多い。競技中は審判長の許可なく水中に入り救助することはできない。様子のおかしい選手がい

た場合は、すぐに審判員および審判長に報告する。いつでも救助できるよう観察し、息継ぎをあきらかにせずに水泳動作を停止した場合には、許可を得て救助する。

最短の距離であれば、プールの両側のどちらかのスタート台へ向かってただちに救助する。プールの中央付近で、あきらかにスタート台側よりもどちらかのプールサイド側が距離的に近いようであれば、複数のプール・ライフガードがコースロープを横断し、溺者を移動させながら救助する方法を用いる（p.104〜105の第7章図7-21を参照）。

③アトラクション（ウォータースライドの途中あるいは着水地点）で事故が起こった場合
〈対応の原則〉

⇒まず、ウォータースライドの途中あるいは着水地点（図6-5）に次の利用者などが入り込まないように、スライド口（図6-6）で次の利用者のスタートを確実に止める。同時に、流水装置の緊急停止ボタンを押し、救助活動の妨げにならないようにウォータースライド内への水の流れ込みを確実に止める。

救助に向かったプール・ライフガードは傷病者に接近し、頸髄損傷や骨折、脱臼などの疑いがないかを確認したうえで、ただちに救助し、着水プールまで移動させ、プールサイドへ移動する。

④流水プールや造波プールで事故が起こった場合
〈対応の原則〉

⇒ただちに傷病者（溺者）を救助し、プールサイドへ移動する。飛び込み事故などのように頸髄損傷の疑いがある場合は、最初の確保の時点から頸部の動揺を抑えることを優先する。プール・ライフガードによる傷病者（溺者）の確保と同時に、水流や波を作り出す起

◆図6-5　ウォータースライドの着水プール

◆図6-6　ウォータースライドのスライド口

◆図6-7　流水プールの濾過・起流制御盤

流ポンプや造波機などの緊急停止ボタンまたは制御盤の停止ボタン（図6-7）を押して機能を止め、水流が救助活動の妨げとならないようにし、利用者全員を一時的にプールから上げる。

3. プールサイドなどでの緊急事態（傷病）

ここではプールサイドなどで起こりうる救助の必要な緊急事態ついて解説する。

〈対応の原則〉
⇒プールサイドおよびプール関連施設内での傷害または急病が発生した場合、傷病者の全身の観察を行い、ただちに救護する。傷病者が自力で歩ける場合は、補助しながら救護室へ移動する。移動できない場合は、その場で手当を行う。

4. 利用者からの事故（事態）の通報の場合

ここではプール施設内で起こりうる利用者からの事故（事態）発生についての通報があった場合の対応について解説する。

〈対応の原則〉
⇒どの場所で、何が起こっているのかを確認し、同時にその場所へ急行する。その後、チーフ・ライフガードに報告するとともに、必要な対応を行う。

＊

なお、本来、事故（事態）の発見はプール・ライフガードによって行われなければならない。しかし、プール内を中心にした監視を行っていることが多いため、プール以外のプール関連施設（たとえば、ジャグジーや採暖室、更衣室、トイレ、シャワールームなど）で起こった事故（事態）については、利用者によって通報され、発見に至ることもある。

5. そのほかの場合

ここでは救助などの対応が求められるそのほかの事態について、3つのケースを解説する。

①暴力行為

施設内で暴力行為があった場合は、被害者、加害者、目撃者を特定したうえで、状況の概要を把握し、警察に通報する。

プール・ライフガードは、被害者の保護と応急手当を行う。明らかに暴力団関係者と思われる人や、身体に刺青を入れている人の入場は断ることが原則である。また、施設入場時の案内表示などに、その旨を明記しておくことが大切である。

②テロ

大規模テロなどが起こった場合の災害などは、利用者の安全を確保し、自治体や警察、消防など諸機関の指示に従った対応をすることが求められる。

③器物破損

不可抗力ではなく、あきらかに故意に施設内の物品が破損された場合は、危険物を除去し安全に留意したうえ、警察に通報する。

また、損害の請求などについては、施設管理責任者が行い、必要に応じて法的措置を講ずる。

5 溺水に関しての緊急時対応計画の実際

■1.溺水事故に対する対応

ここでは、溺水事故が起こった際のEAP実行について、基本的な例を示す。本書では、一次救命処置（BLS、PBLS）などただちに行うべきものを「エマージェンシーケア」とした。

まず、プール・ライフガードが水中の利用者の異変に気づいた場合は、1回の長いホイッスルを吹き、救助を行う。

①救助後、エマージェンシーケアを必要としなかった場合

救助後の溺者を安静にさせ、救護室などで経過観察を行う。落ち着いたところで、溺れそうになった要因やプール利用時のルールなど、再発防止のアドバイスを行う。念のため、医療機関の受診を勧め、当日のその後のプール利用は中止させる（図6-8）。

②救助後、エマージェンシーケアを必要とした場合

救助の際、3回の長いホイッスルを吹き、溺者を確保し、複数のプール・ライフガードが協力して救助を行い、プールサイドでAEDを用いたBLSを速やかに行う。

それと同時に、ほかのプール・ライフガードは、利用者をプールから退水させ、安全確認を行う。チーフ・ライフガードは状況を確認し119番通報を行い、管理責任者は事故原因の究明や、溺者の状況によってチーフ・ライフガードと協議のうえでプールの利用制限などを判断する。救急隊の誘導と救急隊による手当への協力はもちろんのこと、警察対応が必要になる場合や、報道対応が必要な状況が生じる場合もある。

事故の詳細については、プール・ライフガード同士で共有する必要はあるが、むやみな口外をしてはならない。また深刻な事故に直面することにより、受けたり抱えたりするストレスについてはカウンセリングが必要になることもある（図6-9）。

なお、溺者にBLSなどが施された深刻な事故の場合は、次のEAPプロトコール（EAPを実行した際の取り決め）に従う。

[EAPプロトコール]
・事故現場のプールおよびプール関連施設の利用制限や一次閉鎖
・管理責任者からの命令系統を重んじた行動
・事故の詳細についての正確な情報のまとめ
・傷病者の家族への連絡・報告
・広報担当者との緊密な連携と口外の禁止
・運営上必要な報告
・協力者への対応（謝辞や説明）
・事故に関する質問に対する適切な応答
・救助者の心的ストレスへの対応

◆図6-8 プール事故のEAPアルゴリズム〈その1〉─救助後、エマージェンシーケアを必要としなかった場合

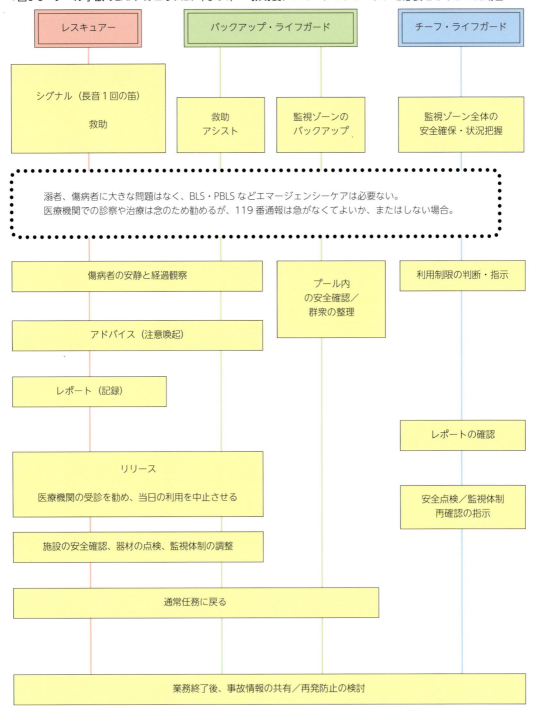

◆図6-9 プール事故のEAPアルゴリズム〈その2〉—救助後、エマージェンシーケアが必要な場合

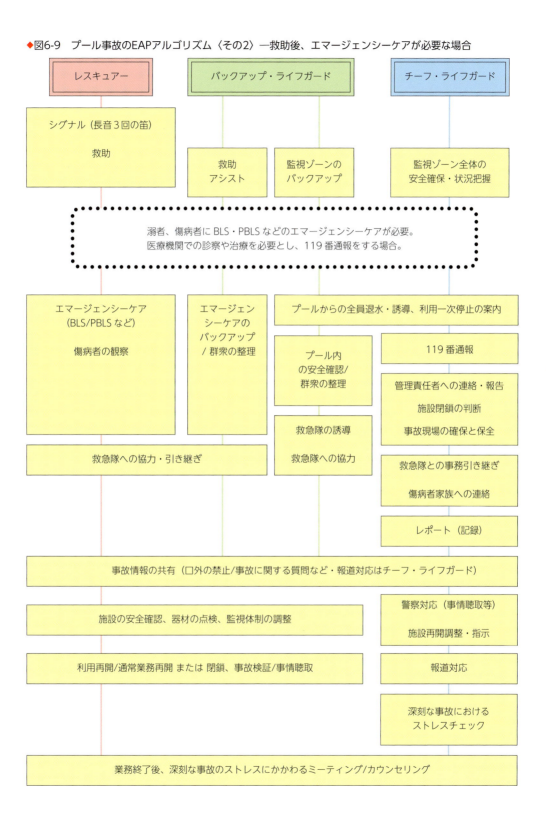

2.バイタルチェック

　溺者や傷病者のバイタルチェック（生の徴候）を確認し、必要な手当を行う。チェック項目としては、反応（意識）、呼吸、脈拍、そのほかの観察などがあり、意識レベルについては詳細をJapan Coma Scale（JCS）方式（表6-1）でチェックができることが望ましい。

◆表6-1　意識レベル（JCS）の分類

Ⅰ　刺激しないでも覚醒している状態
　　「1」…意識清明とはいえない
　　「2」…見当識傷害がある
　　「3」…自分の名前、生年月日が言えない

Ⅱ　刺激すると覚醒するが、刺激をやめると眠り込む状態
　　「10」…呼びかけると開眼する
　　「20」…痛み刺激、大きな声、身体を揺らすと開眼する
　　「30」…痛み刺激を加え、呼びかけを繰り返すとかろうじて開眼する

Ⅲ　刺激しても覚醒しない状態
　　「100」…痛み刺激に対して、払いのけるような動作をする
　　「200」…痛み刺激に対して、少し手足を動かしたり、顔をしかめたりする
　　「300」…痛み刺激に反応しない
　　　　　※意識清明の場合は「0」とする。

これに加えて、次の状態が見られればその記号を付記する
　・不穏状態……「R」
　・糞尿失禁……「I」
　・自発性喪失…「A」

3.二次救命処置への引き継ぎ

①通報（119番通報）

　119番通報での救急車の要請により、到着した救急隊員への引き継ぎは、傷病者に対する手当を引き継ぐだけではなく、これまでの手当や観察の情報も引き継ぐことを忘れてはならない。

　119番通報は、原則としてチーフ・ライフガードにより行われる（表6-2）。

　なお、救急車を呼ぶべき状況とは、ただちに手当を行わなければ生命を失うことにつながる状況のことである。特に溺水、意識障害、心停止、大出血、中毒などは、必ず119番通報をする。溺水、意識障害で、たとえ意識を回復した場合であっても、ただちに医療機関での診察を受けさせなければならない。

◆表6-2　119番通報時に伝達すべき情報

・救急であること
・どこ…事故の起こった場所
・誰が…名前がわからなければ、性別とおおよその年齢
・いつ…事故の起こった時刻
・どうしたか…溺れたのか、怪我をしたのか、急病なのか。
・傷病者の様子（意識レベル、呼吸など）

　119番通報の後は、施設の管理責任者への連絡も行う。

　なお、日本ライフセービング協会では、海水浴場の活動現場で専用の「傷病者記録票」を活用している。これにより、救急隊との引き継ぎが円滑になり、救急隊の早期出発、医療機関への搬送時間の短縮が期待されている。

②現場での引き継ぎ

　「傷病者記録票」には必要事項を記入し、溺者・傷病者の引き渡し時に救急隊に渡す。同時に、その控えを残し、各種記録やレポート（「ライフガード・ログ」「レスキューレポート」

「ファーストエイドレポート」など）に詳細を記録・保存する。

　ただし、優先順位は、救護、通報、記録であることを忘れてはならない。監視活動にかかわる人員にかぎりがある場合には、救助や応急処置、搬送、救急車要請などを優先し、情報の記録・保存については可能な範囲で構わない。

　なお、救急隊への協力については、救急車出発まで、必要に応じて救急隊員の指示のもとで行うことになる。その際、使用している救助器材などは、救急隊員がプールおよびプール関連施設から医療機関までそのまま持ち出す可能性がある。そのため、救助器材などにはあらかじめ施設名および連絡先を明記しておくとよい。特にAEDや頸髄損傷の疑いのある傷病者の救助に用いられるバックボードなどの器材は、救急隊で備えているものではなく、施設のものを装着したまま医療機関まで運ばれることがある。その後の器材の受け渡し方法などをあらかじめ決めておくとよい。

6 緊急時対応計画への準備

■1.救助器材・資材などの検討

プールでの救助および救護において備えておくべき器材や資材は、主に次のようなものである。
- レスキューチューブ、リングブイ、リーチングポール、バックボード
- AED
- 担架、ネックロック、毛布
- ファーストエイド・キット、洗浄用水、氷など

※氷は応急手当で使用するため、製氷機が施設内にあることが望ましい。

■2.救急隊の進入誘導と搬送路の確保

救急車を要請した際に、傷病者の医療機関への搬送をスムーズに行うため、プール施設のどの出入口を利用して傷病者の搬送をするかといった事柄についてあらかじめ決めておく必要がある。

具体的には、次の3点である。
- 救急車の進入路と停車位置
- 救急隊員の進入口・搬送口
- 救急隊の搬送経路

緊急時にはこれらの搬送経路の確保をしなければならない。

■3.利用者を避難誘導する際の留意点

プールおよび関連施設内のもっとも安全な場所を一次避難場所に設定し、緊急時には混乱なく利用者全員をその場所に誘導する。

ロッカールームを通ることが危険ではない場合にかぎり、タオルや着替え用の衣服を持ち出させ、水着のまま避難させる。ロッカールームに危険が迫っている場合には、別の非常口から何も持たせずに水着のままで避難誘導する。

なお、プール利用者は体温を奪われやすい状況にあり、また皮膚の露出が多く、裸足であることから、避難途中で受傷する危険や二次事故につながるケースがあることを忘れてはならない。

■4.施設全体にかかわる緊急事態への対応(施設の損傷・不具合ほか)

プール・ライフガードは、利用者が安全に避難できるように最善を尽くす。緊急時の際はいずれの場合も、利用者すべてをまずプールから退水させ、プールサイドの安全な場所に集め待機させる。緊急を要する事態では、プール利用者を水着姿で裸足のまま屋外へ避難させる場合もありうる。

①火災の場合

火災報知器の警報音が鳴った場合は、利用者をまずプールから退水させ、プールサイドの安全な場所に集め一次待機させる。火災の状況を確認したうえで、避難が必要な場合、施設管理責任者およびチーフ・ライフガードの指示に従い、火元になる場所からできるだけ離れた非常口から慌てることなく利用者を避難誘導する。

火元から離れていても、煙はすぐに広がるため決して油断してはならない。特に屋内施設では煙の充満によって視界が遮られたり、呼吸に

影響が及んだりすることがあり、注意が必要である。また、排煙装置や消火設備の起動も重要となる。

プール・ライフガードの監視場所に近いところで火災が生じた場合は、チーフ・ライフガードへの報告とともに初期消火に努める。

②地震の場合

大きな地震が発生した場合、まず利用者の身体防護を優先する。プール内の利用者をプールサイドへ上げ、揺れが落ち着くまで、プールサイドの安全な場所で天井や壁、窓ガラスなどの落下や損傷によって受傷しないよう待機させる。

揺れが収まった後は、プール内に残っている利用者がいないかを確認し、受傷者がいる場合には救出し、必要な救護活動を行う。

ロッカールームの安全が確認できれば、着替えさせて施設内の安全な場所へ一次避難させる。ロッカールームに危険が迫っている場合には、別の非常口から何も持たせずに水着のままで避難誘導し、施設内の安全な場所へ一次避難させる。水着での避難の場合、プール利用者は体温を奪われやすい状況にあり、また皮膚の露出が多く、裸足であることから、避難途中で受傷する危険や二次事故につながるケースがあることを忘れてはならない。

なお、避難とともに、出火防止措置を行ったり、非常口などを開放したりする。

③台風などの場合

屋外施設の場合、強風や大雨などの場合はあらかじめ利用を制限し、大雨注意報・警報、強風注意報・警報の発令中の場合は当日の施設閉鎖を検討する。

④落雷のおそれがある場合

屋外施設の場合、落雷の被害が起こらないように事前の事故防止が重要となる。雷注意報が発令された場合は、晴雨にかかわらず利用者を退水させて移動する準備を行い、場内放送などで呼びかけ、屋内へ誘導する。雷警報が発令された場合は、ただちに利用者全員を退水させ、屋内へ避難誘導する。

⑤停電の場合

停電によりプール水の循環ろ過装置などが停止したり、アトラクションの流水などが停止したりした場合には、利用の制限を検討する。

館内放送や場内放送、照明、温水シャワーなどが同時に使用できなくなることもある。ロッカールームなどが暗くなることで、利用者などの転倒や受傷なども起こりうるので、十分な注意が必要である。復旧の様子がわかるまで、利用者には安全な場所で待機するよう説明し誘導する。

なお、自家発電機が作動しない場合は、常設の携帯用LEDランタンなどで利用者を安全に誘導する。

5.想定訓練

EAPの実行は、日頃の想定訓練が重要となる。東海地震、東南海地震、南海地震など駿河トラフから南海トラフのプレート境界で、近年中に地震が起こる可能性が大きいとその切迫性が指摘され、津波を伴う災害への備えも必要となっている。さまざまな状況に合わせた各種訓練を、定期的に行うことは"いざ"というときのために重要である。利用者の参加協力のもとで行う避難訓練も実施できるとよい。

救助・救護、避難誘導までの一連行動を行う総合訓練のほか、設定に合わせてその一部のみを行う部分訓練などがある。

①共通訓練
[通報訓練]
・施設内の連絡体制(報告、連絡、指示命令、館内放送など)
・消防、警察への連絡(電話、火災報知器など)

[避難訓練／避難誘導訓練]
・避難指示(ホイッスル、拡声器、館内放送など)
・誘導人員と方法(プール・ライフガードおよび施設スタッフ)の確認
・避難集合場所と非常口などの開放(非常口、非常通路、非常階段)
・避難器具の使用方法(救助袋、避難はしご)の確認

[救護訓練]
・急病人および受傷者の応急手当、搬送、救護室などとの連動

[図上訓練]
・施設図面(平面図、配置図、設備図)や模型などを使用した図上での検討・研究

②専門訓練
[救助訓練(溺水対象)]
・水中での救助、プールからの引き上げ、BLSなど

[救助・救護訓練(脊髄損傷の疑いがある想定)]
・水中での救助、頚椎固定、全脊柱固定など

③その他の訓練
・火災関連…消火訓練(消火器、放水、操法など)、安全防護訓練(防火シャッター、スプリンクラー、防排煙措置など)
・地震関連…地震想定訓練、身体防護、救出救護、一次避難、出火防止、非常口などの開放
・地震関連(津波対応)…津波想定訓練(海浜に隣接した施設など)、一次避難場所の周知および避難誘導
・停電…停電時の誘導訓練

第7章 救助

▶1……救助の原則◀
▶2……救助に用いられる器材◀
▶3……救助の手順と方法◀
▶4……救助の基本的スキル◀
▶5……溺者への接近と確保の方法◀
▶6……溺者救助の原則（リリースとエスケープ）◀
▶7……溺者のトーイングの方法◀
▶8……プールから溺者（傷病者を含む）を引き上げる方法◀

I 救助の原則

■1.プール・ライフガーディングにおける救助

監視中に少しでも利用者の異変に気づいたら、プール・ライフガードは、ただちに救助行動に移る。状況をしっかりと把握し、安全、確実、迅速な救助を行うために、次の5つの要素が必要とされる。
・冷静な判断と行動
・救助に必要な体力
・救助に必要な知識と技術
・救助器材の点検と整備
・事故を想定した日常の訓練

プール・ライフガードは、日頃よりトレーニングを積み重ねて、いつ事故が起きても余裕のある対応ができるように準備をしなければならない。

■2.救助の原則

救助においてプール・ライフガードは、次の3つの原則を守らなければならない。

①安全
「救助は、救助者自身の安全を確保して行う」

救助は救助者に危険が伴う行動であり、救助者自身が冷静かつ安全に自信をもって行わなければ二次事故につながる。救助にあたったことで、生命を失うようなことは絶対にあってはならない。

②確実
「救助は、的確な判断において確実に行う」

いったん救助に出動したら、躊躇せずに最後まで確実にやり遂げなければならない。救助活動において判断に迷うようなことがあれば、チーフ・ライフガードなどの指示を確認し、救助行動を途切れることなく遂行する。

③迅速
「救助は、できるかぎり速やかに行う」

特にプールの中での意識障害や呼吸停止、心停止の溺者を救助する場合、一刻を争う。いち早く人工呼吸を行い、適切なエマージェンシーケア（一次救命処置：BLSやPBLSなど）を施し、救急隊へ引き継がなければならない。

救助（レスキュー）の原則

2　救助に用いられる器材

■1.救助に用いられる器材

①リーチングポール

　プールサイドから使用する長い棒状（ポール）の救助器材で、溺者をポールにつかまらせて引き寄せる。

　竹竿のほか、アルミ製や合成樹脂製ポールが用いられることが多い。意識のない溺者でも引き寄せられるように、先端にフック状の金具やループリングを取り付けたポールを使用することもある。

さまざまな形状のリーチングポール

②リングブイ

　環状の救命ブイで、伝統的な救助器材である。合成樹脂など硬質浮力素材でできており、軽量で表面が滑りにくい加工がされている。リングの外側には本体を一周するように1本のロープが付着しており、使用者がつかめるところが多くなっている。

　救助においては、救助者は、プールサイドから溺者の後方に着水するようにリングブイ本体を投げ入れ、溺者がつかみやすい位置になるように結合しているロープを引き寄せ、リングブイを溺者に接近させる。救助者は、溺者がリングブイ本体をつかんだことを確認してから、ロープを水平に引き寄せて救助する。

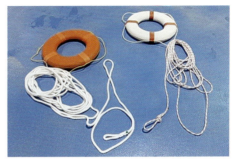

ロープ付きのリングブイ

③レスキューチューブ

　本体がウレタン素材でできている縦長の救命ブイで、柔らかく浮力がある救助器材である。

　片方の端には金属製のリングが付いており、それに合成樹脂製ロープが結合しリング状のショルダーストラップにつながっている。もう片方の端には金属製のフックが付いている。救助者は、常にショルダーストラップ部分の輪に頭を通し、斜め肩がけにして用いる。

　救助者は、レスキューチューブを引っ張りながら（または胸腹部に抱えたまま）泳いで溺者に接近し、レスキューチューブにつかまらせる、あるいは溺者の上半身をレスキューチューブにのせてプールサイドへ移動し、救助する。

　レスキューチューブの本体は、人の胴体を一周させるのに十分な長さがあり、本体の中央部を溺者の胸部に当て両端の金属製のリングとフックを背中側でつなぐことによってリング状のブイとし、必要に応じて溺者の上半身に（両脇の下を通して）巻き付け、溺者の顔を水面から出したまま浮かせた状態にすることもできる。

　レスキューチューブを用いることにより、救助者の両手が自由になるため、泳いでトーイング（牽引）することも容易となる。

④ウォーターパークチューブ

プールおよびウォーターパーク用に開発されたレスキューチューブで、金属製のリングとフックはなく、本体が従来のレスキューチューブよりも長く浮力も大きい。

プール・ライフガードはタワー（監視台）の上でもプールサイドでも本体を胸の前に抱えておく。

救助者は、水中でも胸や腹部に横に当てたままでクロールまたは平泳ぎなどの泳法で溺者に接近し、溺者を後方または前方からしっかりと密着した状態で確保し、救助する。

ウォーターパークチューブ（上）とレスキューチューブ（下）

⑤フィン（足ひれ）

溺者が深いプールの水底に水没している場合や、長い距離をトーイングする必要がある場合などに、足に付けて用いる救助器材である。

⑥バックボード（スパインボード）

頸髄（頸椎）損傷の疑いがある傷病者をプール水中からプールサイドなどへ引き上げたり、傷病者の患部を動揺させないように水中で固定したりする際などに使用する救助器材である。これを用いることで、水中からプールサイドへ溺者を引き上げる際に、少ない人数（1～2名）でも大きな負担がかかることなく行う（「バックボード・リフト」という）ことができる。

頭部の固定を強固にする際は、頸部を固定するネックロックを装着させたうえで、ヘッドイモビライザーという頭部固定用器具を使用する。

なお、使用する際には、あらかじめバックボードの上部にヘッドイモビライザーの台座部分をしっかりと装着しておくとよい。バックボードはこのほかに、傷病者の搬送時に担架としても活用できる。

ヘッドイモビライザーを装着したバックボード

2. 一次救命処置に用いられる器材

①レサシテーションマスク

心肺蘇生（CPR）の人工呼吸の際に使用するマスク状の救命器材である。傷病者の口と鼻を同時に覆うことができるため、効率よく呼気を吹き込むことができる。水中で窒息状態であった溺者に対しては、プールの中でただちに人工呼吸を始める必要があるため、プール・ライフガードにとって必携品といえる。

このマスクを用いることによって、傷病者に

レサシテーションマスクの成人用（左）と小児用（右）

対して直接マウス・トゥ・マウスでのCPRを行わなくてもよく、感染防止の効果がある。成人用や小児用、乳児用といった異なるサイズが用意されており、傷病者に合った適切なサイズのマスクを使用することが大切である。

②フェイスシールド

CPRの人工呼吸の際に使用するシート状の救命器材である。水中で窒息状態であった溺者に対しては、プールの中でただちに人工呼吸を始める必要があるため、プール・ライフガードにとって必携品といえる。

このシートを用いることによって、傷病者に対して直接マウス・トゥ・マウスでのCPRを行わなくてもよく、感染防止の効果がある。

プラスチック製の吹き込み弁（逆流防止弁）が付いたものと、吹き込み部分のみが不織布となっているものの2種類がある。

このシートを広げて傷病者（溺者）の顔面に置き、逆流防止弁が付いている種類のものは弁の部分を口の中に差し込んで使用する。また、吹き込み部分が不織布となっている種類のものは吹き込み部分を口の上に合わせて使用する。

③グローブ

CPRやファーストエイド（応急処置）の際に、傷病者の体液に直接触れるのを避けるために装着するグローブ状の救助器材である。プール・

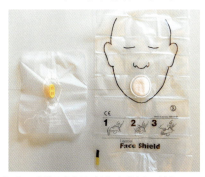

フェイスシールドの弁あり（左）と弁なし（右）

ライフガードは、救助における感染を防止するため、あらかじめグローブを装着して行うことが求められる。

グローブの材質は、ゴム（ラテックス）やプラスチックなどがある。グローブの脱着時にも、グローブに付着した傷病者の体液などに触れないよう細心の配慮が求められる。

グローブの脱着時にも感染防止の配慮が必要

④AED（自動体外式除細動器）

CPRなどを含む一次救命処置において、事故などが発生したその場所で、傷病者を心室細動（あるいは無脈性心室頻拍）から確実に救命するために電気ショックを行うための救命器具である。

プール・ライフガードは、溺者や傷病者の呼吸が普段どおりでないことが確認できたらすぐにAEDを装着できるように、協力にきたほかのプール・ライフガードに保管場所や設置場所から事故現場に持ってきてもらうように指示する。

AEDは国内で取り扱いのあるメーカーが複数社あり機種もさまざまであるが、基本的な使用方法は共通している。電源を入れることで、操作方法とその手順をAEDから自動的に流れる音声メッセージと点滅するボタンで知らせてくれるので、それに従って救助を進めればよい。

なお、AEDにはバッテリーの使用期限があるので、定期点検を欠かさずに行う必要がある。

3 救助の手順と方法

溺者の救助は「接近→確保→牽引(トウ)→引き上げ(キャリー)」の順で行い、溺者をプールから陸上の安全な場所へ移動させる。

救助者は、救助の際に、状況を瞬時に判断し救助方法を選択する。溺者の様子や位置、そして救助者にとって危険の少ない順番で、手順と方法を選ぶことが求められる（表7-1）。

◆表7-1　救助方法の分類

1	トーク	}水に入らない+泳がない
2	リーチ	
3	スロー	
4	ウェイド	}水に入る+泳がない
5	ロウ	
6	スイム	}水に入る+泳ぐ
7	トウ	
8	キャリー	

1.水に入らずに救助する方法

①トーク（talk）

プール・ライフガードが水に入らず、溺者に声をかけることで行う救助方法である。状況によって、ほかのプール・ライフガードの応援や協力の要請を大きな声で行うこともある。

まず、溺者にしっかりと聞こえるように大きな声で慌てないように指示をし、溺者を落ち着かせ、安心させる。溺者の様子を確認するうえでも、救助行動の中で最初に行う基本的な手段であり、どのような状態の溺者であっても、まず声をかけることから始める。

溺者に声かけし、落ち着かせる

②リーチ（reach）

プール・ライフガードが水に入らず、プールサイド（陸上）から自らの手足を差し伸ばして行う救助方法である。

レスキューチューブやリーチングポールといった救助器材を使用することにより、手や脚のみでは届かないところまで差し伸ばすことができる。これらを「リーチング・アシスト」という。

レスキューチューブは、チューブの先端を溺者の前に差し出すようにして使用する。また、リーチングポールは、溺者がつかみやすいように、溺者の肩口あたりに差し出すようにする。

溺者にリーチングポールを差し出す

③スロー（throw）

　プール・ライフガードが水に入らず、救助器材や浮き具となるものを溺者の付近目がけて投げて行う救助方法である。

　前述のリーチでは届かない場所に溺者が位置している場合に有効な手段となる。

　プール・ライフガードがロープにつながったリングブイなどの救助器材をプールサイドなどから投げ入れ、それに溺者をつかまらせて救助する。これらを「スローイング・アシスト」という。

歩いて溺者に近づく（シンプル・アシスト）

②ロウ（row）

　プール・ライフガードが救助用のボートやカヤック、サーフボードなどを用いて行う救助方法である。

　ウォーターパークなど広く大きな面積をもつプールや自然水域のプール内で溺者のもとへ向かうのに、泳ぐよりもボートやカヤックを漕いだりサーフボードを用いたりした方が早く接近できる場合に用いる。なお、国内では、プール施設で活用する例は少ない。

溺者にリングブイを投げ入れる

2. 水に入って接近する方法

①ウェイド（wade）

　プール・ライフガードが、水に入り歩いて溺者に接近して行う救助方法である。

　プールの水深を理解し、救助者自身の安全を確保しながら行う。

　利用者の背が立つか立たないかのギリギリの水深の位置で溺れそうになっている場合に、水中を素早く移動して呼吸ができる体勢に支える。これらを「シンプル・アシスト」という。

溺者にカヤックで接近する

③スイム（swim）

　プール・ライフガードが、溺者のもとへ泳いで接近する救助方法である。

　救助者の水泳能力や溺者を確保する技術と体力が要求され、救助者自身の安全を確保する必要がある。

　救助者は水上に頭を上げ、溺者の様子を見ながらヘッドアップスイムで接近する。あるい

は、レスキューチューブを抱えながら接近する。なお、水深が深いプールなどで潜水が必要な場合には、フィン（足ひれ）を用いることも有効である。

溺者にヘッドアップスイムで接近する

■3.溺者を確保して水中を移動する方法

　救助を行うプール・ライフガードが水の中に入ってスイムで溺者に接近したのち、溺者を確保したまま、水面を牽引（トウ：tow）しプールサイドへ移動する救助方法である。

　この救助行動のことを「トーイング（towing）」という。溺者の顔を水面に出し、呼吸のできる体勢のままで水平方向に牽引して水中を移動させる。

　人を牽引しながら泳ぐには、訓練を重ねていないかぎり危険で難しい。そのため、救助者自身の安全を確保するためにも、レスキューチューブなどの救助用の浮力体を用いて安全で確実に行うようにする。

　トウにはさまざまな方法があるので、溺者の様子やプール施設の状況、救助者の体力や技量など、状況に合った適切な方法を選択するとよい。

　代表的な救助方法は、「ノンコンタクト・トウ」と「コンタクト・トウ」の2つに大別できる。

①ノンコンタクト・トウ

　意識のある溺者に用いる方法で、浮力のあるものに自力でつかまらせて牽引する。意識のある溺者と一定の距離を保ち、溺者に直接触れることがないため、救助者が溺者に抱きつかれる危険を回避することができる。

　具体的には次の2つの方法がある。

1）クロース・トウ

　溺者の着衣の後ろ襟をつかんで確保し、牽引する方法。

2）救助器材を用いて牽引する方法

　救助者はリングブイやレスキューチューブなどを投げ入れ、溺者がつかまったところを牽引する方法。

②コンタクト・トウ

　意識のない溺者や自力で浮力体につかまることができない溺者に用いる方法で、溺者を直接牽引する、トーイングの基本的な方法である。

　水中を徒歩で移動できる場合は、救助者が溺者にしっかりと密着することにより、溺者を離さずに安定した救助を行うことができる。また、泳いで牽引する場合には、移動距離などにより、溺者のつかみ方や溺者との間隔など、泳ぎの動作に制限が加わらない方法を選択するとよい。たとえば、レスキューチューブを使用することで、溺者と救助者それぞれの浮力を確保することができる。

■4.プールからプールサイドへ移動する方法

　救助を行うプール・ライフガードが水中に入ってスイム、トウにより確保した溺者を、水中からプールサイドなどへ運んだり移動させたりする救助方法（キャリー：carry）である。

　溺者を引き上げたり、持ち上げたりして水中

から上げる方法(リフト)や、水中を引きずって運ぶ方法(ドラッグ)、担いで移動する方法などがある。

　溺者を水中からプールサイドに上げる場合は、必ず溺者の顔が水面に出ている状態で水中に滑り落ちない体勢（サポート・ポジション）を維持しながらほかのプール・ライフガードが協力に来るまで待ち、溺者の体格や体重によって慌てずに確実な方法で引き上げる。

複数名で溺者を引き上げると、より安全にできる

4 救助の基本的スキル

1. 救助における入水の基本

プール・ライフガードが溺者を発見し、あるいは通報を受け、救助に向かうにあたり、プールへ入水する。この際、いかなる場所からの入水であっても、溺者を見失わないよう溺者から目を離さないという原則を守らなければならない。

ここでは、高い位置から入水した場合と、プールサイドのように比較的低い位置から入水した場合とに分けて入水のしかたを紹介する。

①高い位置からの入水
●コンパクトジャンプ

プール・ライフガードは、両手でレスキューチューブをつかんで両脇に抱えたまま（胸の前に持ったまま）、両膝を深く曲げて入水する（図7-1）。顔から胸までを水中に沈ませないように入水し、その状態でレスキューチューブを胴体の前面に当てたまま泳いで移動する。なお、入水時に足が水底に着きそうな水深の浅いところではこの入水方法は用いない。

②プールサイドからの入水
1）スリップイン

水深の浅いプールなどで用いる基本的な入水方法である。まず、プールサイドに腰かけ、前向きのまま、お尻をプールサイド上でゆっくりと滑らせながら入水する（図7-2）。頚髄損傷の疑いのある溺者に接近する際など、水面を波立たせて動揺を与えることがないように静かに入る必要がある場合などにも用いる。

2）スライドイン

水深の深いプールなどで用いる基本の入水方法である。後ろ向きのまま、両手でプールサイドをつかみ、ゆっくり身体全体を水中へ沈める。

3）ストライドジャンプ

両手でレスキューチューブをつかんで両脇に抱えたまま（胸の前に持ったまま）、1歩大きく踏み出し、前後に大きく脚を開くようにして前傾姿勢のまま入水する（図7-3）。入水後、水中で両足を閉じて水をはさみ込むようにする。レスキューチューブを胴体の前面に当てたまま、泳いで移動する。

◆図7-1 コンパクトジャンプによる入水
（レスキューチューブを用いた方法）

胸の前にレスキューチューブを抱える　両膝を深く曲げて入水する

◆図7-2 スリップインによる入水

プールサイドに腰かける　そのまま前向きに入水する

◆図7-3 ストライドジャンプによる入水
　　　　（レスキューチューブを用いた方法）

胸の前にレスキューチューブを抱えたまま、1歩大きく踏み出して入水する

4）シャローダイブ（浅飛び込み）

　両手を頭の前方に伸ばして水平に飛び込んで入水する方法である。競泳の飛び込みに似ているが、できるだけ遠くの水面へ向かって、水面近くで低い放物線を描きながら水平方向に飛ぶ。入水後は深く潜り過ぎないようにしながら泳ぎ出し、目標に向かって移動する。なお、レスキューチューブを持っている場合は、ストラップを片方の肩にかけ本体を片手に持ち替えてから、ジャンプと同時にレスキューチューブを離し、入水後はチューブを水面に浮かせたまま泳ぎながら引っ張るようにする。

5）ラン＆スイムエントリー
　　　（水中を走ってから泳ぐ）

　浅いプール（成人の膝くらいの水深）や緩やかな斜面状のプール（造波プールなど）では、入水直後、水中を走って移動し、成人の場合は、腰より高い水深になったら泳ぎ出す。

　レスキューチューブを持っている場合は、レスキューチューブを水面に浮かばせて引っ張りながら泳ぐ。

2.溺者への接近（アプローチ）の基本

　溺者への接近は、溺者を見失わないように頭を水上に出して泳ぎ（ヘッドアップスイム）、接近することが基本となる。

　また、水深の浅いプールで頚髄損傷の疑いがある傷病者への接近の場合などでは、水中をゆっくり歩き、波立たせて動揺を与えることがないようにすることを忘れてはならない。

　溺者の救助の際、できるだけ早く接近して救助することが求められる。そのためには、泳いで向かうだけではなく、次のような方法で溺者に接近することも検討しなければならない。

・溺者にもっとも近い位置までプールサイドを移動してから入水する
・水中では、歩くか、走って移動する。水深の浅いプールなどでは、泳いで移動するよりも走って移動する方が早く溺者に接近できる可能性もある

＊ここでは、救助器材（レスキューチューブ）を用いた接近方法について紹介する。

①レスキューチューブを抱えたまま
　　溺者に接近する泳ぎ方

　前述（p.63～64の第5章図5-19～図5-21）のとおり、クロール、平泳ぎ、平泳ぎ＋クロールの3つの泳ぎ方がある。いずれの方法でも、レスキューチューブを胸の位置から少し腹部寄りにずらし、腕の動きが制限されないようにして泳ぐ。

②レスキューチューブを牽引しながらの泳ぎ方

　レスキューチューブを胸で抱えずに牽引してクロールで移動や接近するなど（図7-4）、広いプールで長い距離を泳いで溺者に接近する場合に用いる方法である。

◆図7-4 レスキューチューブを牽引しながらの泳ぎ方

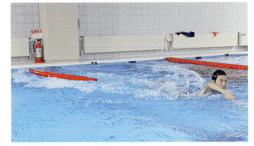

ショルダーストラップを肩に斜めがけして泳ぐ

3.溺者の確保の基本

　救助に向かったプール・ライフガードは、溺者に接近した後、溺者を確保する。その際、溺者と自分とを密着させ、溺者が呼吸できる状態にしなければならない。

　ここでは、確保する方法を溺者が水面に浮いているかどうかで分けて紹介する。

①溺者が水面に浮いている状態

　溺者の両脇の下や両肩をつかみ（図7-5 ①）、身体の正中軸で水平に回転させ、溺者の顔を水面上に出す（ロールオーバー、図7-5 ②）。

②溺者が水没している状態

　溺者の位置まで潜り、両手で溺者の両脇の下を確保し、水面に上げるまでの間に反転させて顔を水面上に出す。

　その後、水面上で両肩を後ろ側から両手で確保する（ダブルショルダー・ホールド、図7-6）。または、片腕を溺者の片側の肩口から胸の前を通して、反対側の脇の下を手でつかむ（クロスチェスト・ホールド、図7-7）。

◆図7-5　ロールオーバー

両脇の下をつかむ

水平に回転させて溺者の顔を出す

◆図7-6　ダブルショルダー・ホールド

後方から両肩を両手で確保する

◆図7-7　クロスチェスト・ホールド

片腕を肩口から胸の前を通して反対側の脇の下を手でつかむ

5 溺者への接近と確保の方法

■1.泳がずに歩いて確保する方法

溺者を救助する際、溺者の安全はもちろん、救助者の安全を確保するために、救助器材を用いて泳がずに救助できるかをまず検討することが大切である。

ここでは、救助者の安全を確保したうえで、足が着く深さのプールで泳がずに歩いて救助に向かう方法（シンプル・アシストなど）や、レスキューチューブ、リーチングポール、リングブイなどの救助器材を用いた方法を紹介する。

①シンプル・アシスト
（溺者を両脇から支えて確保する）

救助者は、溺者に接近し（図7-8▼①）、安全が確保されたのち、溺者の両脇の下を両手で確保し、溺者の顔面を水面に出して呼吸ができるように持ち上げる（図7-8▼②）。小児などが足が水底に着かずに溺れそうになっているような場合に、この方法で救助する。

②リーチング・アシスト
１）レスキューチューブを用いた方法
1) 救助者は、プールサイドなどから溺者にレスキューチューブを差し出し、つかまらせる（図7-9）。
2) 溺者がレスキューチューブをしっかりとつかんだことを確認したら、救助者側にゆっくりと引き寄せる。
3) 十分近くに引き寄せたのち、救助者は溺者を離さないように手首などをしっかりつかみ確保する。
4) 溺者を確保したのち、水中からプールサイドへと引き上げる。

◆図7-8 シンプル・アシスト

溺者の背後から近づく

溺者の両脇の下を確保し安心させる。

◆図7-9 リーチング・アシスト（レスキューチューブを用いた方法）

プールサイドなど安全なところからレスキューチューブを差し出す

2）リーチングポールを用いた方法

1) 救助者は、プールサイドなどから水面と平行に溺者に向かってリーチングポールを差し出し（図7-10▶①）、しっかりとつかまるように指示する。
2) 溺者がリーチングポールにつかまったことを確認したら、救助者側にゆっくりと引き寄せる（図7-10▶②）。
3) 十分近くに引き寄せたのち、救助者は手を差し延べ、手首を溺者につかまらせる。
4) 救助者は、溺者の手首をつかんで（ヒューマンチェーン）確保したら、プールサイドへ引き上げる。

③スローイング・アシスト（リングブイを用いた方法）

1) 救助者は、リングブイに付属したロープの端を前足で踏む。
2) 利き手側にリングブイを持ち、ロープを左右に持ち分ける（図7-11▶①）。
3) 投げたリングブイが溺者の後方に着水するように、反動をつけた下投げで、リングブイとロープを前方30〜45度の角度で投げる。
4) 溺者の後方に着水したことを確認したら、踏んでいたロープの端を手でつかみ、ゆっくりとロープをたぐり寄せて、溺者がつかみやすい位置までリングブイやロープを引き寄せる。

◆図7-11 スローイング・アシスト（リングブイを用いた方法）

片手でロープをまとめ、もう一方の手でリングブイを投げ入れる

◆図7-10 リーチング・アシスト（リーチングポールを用いた方法）

溺者がつかみやすいようにリーチングポールを差し出す

水中に引き込まれないように救助者の安全を確保する

溺者にリングブイをつかまらせたまま引っ張る

5) 溺者に両腕でリングブイをつかまらせる。溺者がしっかりとつかまったことを確認したら、ロープをゆっくりと大きな動作で引き寄せる。このとき、ロープは水面により近くなるように、できるだけ低い姿勢になって引き寄せるとよい（図7-11▶②）。
6) 十分近くに引き寄せたのち、救助者は手を差し延べ、溺者の手首を確保し、プールサイドへ引き上げる。

■2.泳いで確保する方法

溺者の様子やプールの形状などさまざまな状況に合わせて救助方法を選択するが、ここでは特にレスキューチューブを用いて泳いで救助する方法を紹介する。

▶意識のある溺者の確保◀
①水中でのリーチング・アシスト

1) 水深の深いプールなどで、救助者は、泳いで意識のある溺者に接近し、ディフェンシブ・ポジションの後（安全が確保されたのち）、溺者に近づいてレスキューチューブを差し出す（図7-12▶①）。これは、あくまでも意識があり、自力でつかまることができる溺者に用いる。
2) レスキューチューブを差し出して溺者につかまらせ（図7-12▶②）、そのままチューブを引っ張って、泳いでプールサイドに移動するか、前述のシンプル・アシストに移行し、溺者を救助する。

②フロントドライブ・レスキュー（前方からの接近）

1) 救助者は、レスキューチューブを抱えて、意識のある溺者に前方から接近する（フロント・アプローチ、図7-13▶①）。
2) 救助者は、溺者と互いに手を伸ばせば届くほどの位置で一度止まり、溺者の様子を観察する（ディフェンシブ・ポジションをとる）。溺者がレスキューチューブに自力でつかまれそうであれば、両肘を伸ばしてレスキューチューブを両手で前方に押し出すように差し出す。
3) 溺者に両手でレスキューチューブにつかまらせ、両脇でしっかりと胸の前に抱えるように指示する（図7-13▶②）。
4) 救助者は、チューブを両手で前方へ押しながら、肘を伸ばしたままプールサイドへ移動する（フロントドライブ、図7-13▶③）。

◆図7-12 水中でのリーチング・アシスト（レスキューチューブを用いた方法）

溺者にレスキューチューブを差し出す

意識のある溺者には差し出したレスキューチューブにつかまってもらう

◆図7-13 フロントドライブ・レスキュー
　　　　（前方からの接近）

前方から接近する

前方から確保する

レスキューチューブにつかまらせて移動する

③フロントドライブ・レスキュー
　（フロントハグ・ポジションでの確保）

1) 救助者は、レスキューチューブを抱えて、意識のある溺者に前方から接近する（フロント・アプローチ）。

2) 救助者は、溺者と互いに手を伸ばせば届くほどの位置で一度止まり、溺者の様子を観察する（ディフェンシブ・ポジションをとる）。溺者が自力でレスキューチューブをつかめそうもない場合や、水没しかかっているような場合は、レスキューチューブを抱えたままさらに接近し（図7-14▶①）、溺者の前方から両脇の下に両腕を差し入れ、上半身を密着させるようにして確保する（フロントハグ・ポジション、図7-14▶②）。

3) フロントハグ・ポジションのまま、プールサイドへ移動する。溺者の顔が水中に没してしまったり、移動が困難だったりする場合は、別のプール・ライフガードが後方から溺者を

◆図7-14 フロントドライブ・レスキュー
　　　　（フロントハグ・ポジションでの確保）

前方から接近し、溺者の両脇の下に両腕を差し入れる

フロントハグ・ポジションで確保する

確保し移動する。

④リア・レスキュー（後方からの接近）

1) 救助者は、レスキューチューブを抱えて、意識のある溺者に後方から接近する（リア・アプローチ、図7-15▶①）。
2) 救助者は、レスキューチューブを抱えたまま溺者の両脇の下から両腕を差し入れ、溺者の背中と救助者の胸の間にレスキューチューブをはさんだ状態で、溺者の両肩を両手でしっかりと確保する（ダブルショルダー・ホールド、図7-15▶②）。
3) 移動する際は、上方に持ち上げるように後方へ傾け、溺者の上半身（背中）をレスキューチューブの上にのせて移動する。後方から救助するので、溺者に抱きつかれることはない（図7-15▶③）。

⑤2ライフガード・レスキュー（後方からの接近）

1) 救助者は、レスキューチューブを抱えて、意識のある溺者に後方から接近する（リア・アプローチ）。
2) 救助者は、手を伸ばせば溺者に届くくらいの位置で一度止まり、溺者の様子を観察する（ディフェンシブ・ポジションをとる）。1人で確保し移動することが困難と判断した場合（溺者に強い力で抱きつかれる危険がある、または溺者の身体が救助者より大きな場合など）は、すぐにほかのプール・ライフガードの

◆図7-15　リア・レスキュー（後方からの接近）

後方から接近する

ダブルショルダー・ホールドで後方から確保する

ダブルアームピット・トウで移動する

◆図7-16　2ライフガード・レスキュー（後方からの接近）

リア・アプローチで接近し、応援を要請する

ダブルショルダー・ホールドで確保する

レスキューチューブではさみ込み、フロントドライブとリア・レスキューとで移動する

応援を求める（図7-16 ①）。
3) 救助者は、レスキューチューブを抱えたままさらに接近し、溺者の両脇の下から両腕を通し、溺者の両肩を確保する（ダブルショルダー・ホールド、図7-16 ②）。
4) 前方からほかのプール・ライフガードが接近し、両手でレスキューチューブを差し出し、溺者につかまらせる。
5) 溺者の前後をレスキューチューブではさみ込み、溺者の前方にいる救助者はフロントドライブで前方へ押して移動する（図7-16 ③）。

⑥ 2ライフガード・レスキュー（溺者が2人の場合）

ここでは、溺者が2人同時に発生し、1人の溺者がもう片方の溺者に抱きついている状況を想定し、救助の方法を紹介する（図7-17 ①）。
1) 救助者はレスキューチューブを抱えて、抱きつかれている溺者の後方から接近する。
2) 救助者は、手を伸ばせば溺者に届くくらいの位置で一度止まり、2人の溺者の様子を観察する（ディフェンシブ・ポジションをとる）。1人で確保し移動することが困難と判断した場合は、すぐにほかのプール・ライフガードの応援を求める（図7-17 ②）。
3) 救助者は、レスキューチューブを抱えたままさらに接近し、抱きつかれている溺者の両脇の下から両腕を通し、溺者の両肩を確保する（ダブルショルダー・ホールド、図7-17 ③）。
4) ほかのプール・ライフガードが救助者の前方から接近し、抱きついている溺者を後方から確保し（図7-17 ④）、反転させてレスキューチューブの上に上半身をのせる。
5) それぞれの溺者をリア・レスキューで救助する（図7-17 ⑤）。溺者の両脇の下を両手で確保し、顔面が水面に出て呼吸ができるよう

◆図7-17　2ライフガード・レスキュー（溺者が2人の場合）

① 1人の溺者がもう片方の溺者に抱きついている

② 接近し、応援を要請する

③ 抱きつかれている溺者を後方から確保する。ほかのプール・ライフガードが接近する

④ 抱きついている溺者を後方から確保し、反転する

⑤ 2人の溺者を別々にプールサイドに移動する

に持ち上げる。小児などが深いプールで足が水底に着かずに溺れそうになっているような場合に、この方法で救助する。

▶意識のない溺者の確保◀

○リア・レスキュー（リア・アプローチ）

　この方法は、溺者が水面に浮いている場合に用いる。

1）救助者は、レスキューチューブを抱えて、溺者の後方から接近する（リア・アプローチ、図7-18 ①）。

◆図7-18　意識のない溺者の確保

① リア・アプローチで接近する

② 溺者の様子を観察し、シグナルを出す

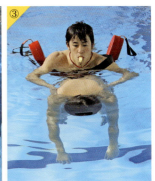
③ 溺者の両脇の下を確保する

④ 正中軸で反転させる（その1）

⑤ 正中軸で反転させる（その2）

⑥ 正中軸で反転させる（その3）

⑦ 正中軸で反転させる（その4）

⑧ ダブルショルダー・トウで牽引する

⑨ （横からの様子）

101

2）救助者は、手を伸ばせば溺者に届くくらいの位置で一度止まり、溺者の様子を観察する（ディフェンシブ・ポジションをとる）。溺者が水面に顔を伏せた状態であれば、意識のない状況であるため、長い笛を3回吹き、ほかのプール・ライフガードに状況を伝達する（図7-18 ②）。

3）救助者は、さらに接近し、溺者の背中側から速やかに溺者の両脇の下を確保する（図7-18 ③）。

4）溺者の背中と救助者の胸の間にレスキューチューブをはさみ、密着した状態のまま、溺者を正中軸で反転させる（図7-18 ④～⑦）。

5）溺者の顔を水面に出し、そのままレスキューチューブに溺者の上半身をのせる。水面に浮かせたままプールサイドへ移動する（図7-18 ⑧、⑨）。

▶水没した溺者の確保◀
①溺者が水没しかかっている場合

溺者が水没しかかっている場合で、溺者の両脇の下や両肩をつかむことができない場合は、胴体をつかんで浮上する。

1）救助者は、レスキューチューブを抱えて、溺者の後方から水没地点に接近する（図7-19 ①）。

2）溺者の位置や向きを確認する。

3）救助者は、上半身を水中に入れ、両手を伸ばして溺者の胴体をつかんだら、すばやく水面に浮上させる（図7-19 ②～④）。

4）救助者は、溺者の両脇の下から両腕をさらに深く差し入れて、溺者の両肩を確保する。同時に、溺者を密着させた状態で溺者の上半身をレスキューチューブの上にのせる（リアハグ・ポジション、図7-19 ⑤）。

5）レスキューチューブの上にのせたら、水面を移動する。

◆図7-19　水没しかかっている溺者の確保

水没地点へ接近する

溺者の引き上げを開始する

引き上げ時の真上からの様子

引き上げ時の水中の様子

リアハグ・ポジションで確保する

②溺者が完全に水没している場合

溺者が完全に水底に没している場合は、救助者は両足で溺者の胴体を左右からはさみ、溺者の両脇の下に救助者の両足の甲を差し入れて水面に持ち上げる方法を用いる。

1) 救助者は、レスキューチューブを抱えて、溺者の水没地点に接近する（図7-20▶①）。
2) 溺者の位置や向きを確認し真上に位置する。
3) 救助者は、レスキューチューブを両手でつかんだまま、足側から水中に潜入する（図7-20▶②）。
4) 身体を伸ばした状態で溺者の胴体を両足ではさみ、溺者の両脇の下に両足の甲を差し入れる（図7-20▶③）。
5) 救助者は、両手のレスキューチューブを引き寄せ、救助者の身体を折り曲げながら、溺者

◆図7-20　完全に水没している溺者の確保

①水没者の真上に接近する
②足側から潜入する
③④足の甲で引き上げる
⑤⑥足から手へ持ち替えて浮上する
⑦レスキューチューブに乗せて移送する

を足の甲で引き上げる（図7-20 ④）。
6) 溺者の両脇の下を足の甲から両手に持ち替えて、さらに溺者を水面まで引き上げる（図7-20 ⑤、⑥）。
7) 救助者は、溺者の両脇の下から両腕をさらに深く差し入れ、両肩を確保する。同時に、溺者と密着した状態で溺者の上半身をレスキューチューブの上にのせる（図7-20 ⑦）。
8) レスキューチューブの上にのせたら、水面を移動する。

3.深いプールでの救助方法

水深のある深いプールでは、溺者が水底に沈んでいる状況もある。そのため、ここでは特にレスキューチューブを用いて救助する方法を紹介する。
1) 救助者は、フィートファースト・ダイブ（p.59の図5-12を参照）で潜入し、溺者に接近する。
2) 溺者の胴体を後方から確保し、レスキューチューブのストラップをたぐり寄せる。
3) 溺者を確保したまま水面へ浮上し、仰向けにして、溺者の上半身（背中）の下にレスキューチューブを差し入れて浮かせる。

4.特殊なケースでの溺者の救助

競技用プールのようにコースロープが張られているプールでは、溺者へ接近、確保したのち、最寄りのプールサイドまで最短距離で移動するためにコースロープを乗り越えて溺者を牽引する方法がある。コースロープが複数張ってある場合は、複数名の救助者が溺者をリレーして、もっとも近いプールサイドへ移動する。
1) 1人の救助者が溺者を確保し、呼吸ができるように溺者の顔を水面に出す。同時に隣のコースロープ上に、もう1人の救助者が待機する（図7-21 ①）。深いプールでは立ち泳ぎをしながら行う。
2) ダブルショルダー・トウで牽引し、コース

◆図7-21　コースロープを横断しての救助の流れ

進行方向にあるコースロープ上で次の救助者は待機する

さらに、次の救助者にトーイングを引き継ぐ

ロープ上で2人目の救助者がトーイングを引き継ぐ（図7-21▶②）。
3) 2)と同様に溺者を牽引し、次のコースロープ上では3人目の救助者が待機する（図7-21▶③）。救助に2人しかいない場合は、最初に溺者を確保した者が、2本目のコースロープ上に先回りして引き継ぐ。
4) さらに3人目の救助者が、トーイングを引き継ぐ（図7-21▶④）。
5) 溺者はすべてのコースロープ上を通して移動させる（図7-21▶⑤）。なお、引き継ぎを終えた救助者は、次の救助者がスムーズに水面を移動できるように、コースロープを軽く押し下げるとよい。また、水深のある競技用プールでは、コースロープを横断する際には救助器材（レスキューチューブなど）は用いない。
6) プールサイドからもっとも離れたプール中央での事故の場合、救助する際に最多で4～5本のコースロープを横断する必要が生じることがある（図7-21▶⑥）。

次の救助者にトーイングを引き継ぐ

同様に、次の救助者はコースロープ上で待機する

次の救助者にトーイングを引き継ぐ（続き）

これらを繰り返し、コースロープを横断していく

6 溺者救助の原則（リリースとエスケープ）

◼ 1.リリースとエスケープの重要性

　救助において、救助者が溺者に接近した際、溺者に抱きつかれたり、手足をつかまれたりすることがある。抱きつかれたりつかまれたりすると、溺者だけではなく、救助者の危険も伴うことになる。救助に向かったプール・ライフガードはそのような事態にならないように、あらかじめとっさに防御できる姿勢（ディフェンシブ・ポジション）をとり、冷静な対応ができるようにすること、さらには溺者に抱きつかれたりつかまれたりといった、もしもの場合に備えるためにも、溺者から離れる方法（リリース）や逃れる方法（エスケープ）を身につけておくことは大切なことである。

◼ 2.リリースとエスケープの実際

①ディフェンシブ・ポジション（防御の姿勢）

　泳いで溺者に接近した場合、少し手前（救助者が手足を伸ばせば溺者に届く距離が目安）で一度止まる。そして、いつでも距離を離せるようなディフェンシブ・ポジションをとりながら溺者の状況を瞬時に観察し、その後の確保や移動の方法を決める。

　これは、溺者に意識のある場合に、抱きつかれてしまうことを防ぎ、冷静に対応するための重要な技術である（図7-22）。

②クイックリバース（ターン）

　溺者に接近し、抱きつかれそうになった場合、すばやく反対方向に移動するためにキックをし、一時距離をとる（図7-23）。

③ブロック

　溺者に近づき過ぎたり抱きつかれそうになったりして一時距離をとろうとしたものの、間に合わなかった場合、近づいてくる溺者の肩や胸などを手や足で押さえ、ブロックする（図7-24）。

◆図7-22　ディフェンシブ・ポジション

溺者の少し手前で一度止まる

溺者に抱きつかれない距離を保つ

◆図7-23　クイックリバース（ターン）

抱きつかれそうになったら、後方に移動する

④ヘッドホールド・エスケープ

　溺者へ近づき過ぎて首に抱きつかれた際の逃れ方には、前から抱きつかれた場合と後ろからの抱きつかれた場合の2つの方法がある。

［前から抱きつかれた場合の逃げ方］
1）救助者は、しっかりと顎を引き、喉を締められないようにする（図7-25 ①）。
2）救助者は、両手で下から仰ぐように水をかき上げ、水中に潜る（図7-25 ②）。
3）救助者の顔と溺者の顔の間に片方の手のひらを差し入れて引き離す（図7-25 ③）。同時に、もう一方の手で抱きつかれた腕の片方をしっかりとつかみ、上方に外し、溺者から離れる（エスケープする）。

［後ろから抱きつかれた場合の逃げ方］
1）救助者は、しっかりと顎を引き、喉を締められないようにする（図7-26 ①）。
2）救助者は、フィート・ファーストで両手を下から仰ぐように水をかき上げ、水中に潜る（図7-26 ②）。
3）顎にかかっている溺者の腕を引き下げた後、片手で肘をつかみ直し、つかんだまま肘側の脇の下から速やかにくぐり抜け（図7-26 ③）、溺者を突き放すようにして離れる（エスケープする）。

◆図7-24　ブロック

①溺者を手でブロックして距離を保つ

②溺者を足でブロックして距離を保つ

③溺者の胸を押さえて距離を保つ

◆図7-25　前から抱きつかれた場合の逃げ方
（図は陸上での動作確認）

①
顎を引いて喉を絞められないようにする

②
水中に潜る

③
顔と顔の間に手のひらを差し入れて引き離す

◆図7-26　後ろから抱きつかれた場合の逃げ方
（図は陸上での動作確認）

①
顎を引いて喉を絞められないようにする

②
水中に潜る

③
肘をつかみ、脇の下からくぐり抜ける

7 溺者のトーイングの方法

■1.トーイング

　溺者のトーイングは、水中での救助行動においてもっとも体力を必要とし、危険を伴うものである。浮力を活用し、溺者の顔を水面に出したまま、できるだけ効率のよい方法を選択して確実にプールサイドまで移動させなければならない。

■2.トーイングの注意点

　トーイングにはコンタクト・トウとノンコンタクト・トウの2つがあるが、いずれも救助者の安全に留意して行わなければならない。特に、救助器材を用いずに行うトーイングは、救助者と溺者が密着、もしくはかなり近い状態になるため、救助者にとっては非常に危険を伴う救助活動である。また、身体を密着させた方法は、溺者の体重の影響を受けやすく、移動できる距離は短くなりやすい。そのため、長い距離を移動する場合は、溺者との間隔をできるだけ離すことができる方法を選択するとよい。

　また、溺者の顔を水面に出したまま移動することは、自発呼吸を保たせるためにも重要なことである。そのため、アームピット・トウやリスト・トウなどの方法を用いる場合には救助者は肘をしっかりと伸ばすことや、片腕の場合には横泳ぎ、両腕の場合には巻き足や平泳ぎのキックなどというように状況に合わせた方法を選択し、溺者をできるだけ水平に保ってトーイングする必要がある。

　当然ながら、溺者を確保している手を離したり、途中で止まったりしてしまうと、溺者を水平に保つことが難しくなるため、トーイングを始めたらプールサイドまで移動することを心がけなければならない。特に水深の深いプールでは、浮力のある救助器材（レスキューチューブ）を用いた方法がよい。

■3.トーイングの種類

①ダブルショルダー・トウ

　溺者の両脇の下から両肩を確保して、牽引する方法である（図7-27）。

　泳いで溺者をトーイングする場合は、平泳ぎのキック（ウィップキックまたはウェッジキック）や巻き足を使って、救助者の頭側へ移動する。救助者と溺者の密着度が高く、かつ溺者の確保に両腕を用いるため、水深の浅いプールでは溺者をしっかりと確保しながら歩いて移動できるが、深いプールでは泳いで移動しなければならない。

　移動距離が長い場合、この方法は体力を必要とするため、レスキューチューブを用いることで体勢保持ができ、安定させることができる（図7-28）。

②ショルダー・トウ

救助者の片方の脇の下から溺者の片方の肩を確保して牽引する方法であり、前述のダブルショルダー・トウから片腕をはずした方法である（図7-29）。

救助者と溺者の密着度が高く、片手で水をかいたり、ロープなどをつかんだりすることができる。

移動は平泳ぎのキックや巻き足、横泳ぎなどを用い、救助者の頭側へ移動する。

③クロスチェスト・トウ

溺者の片方の肩の上から胸の前で斜めに救助者の腕を通して、反対側の脇の下をつかんで牽引する方法である（図7-30）。

救助者と溺者の密着度が高く、片手で水をかいたり、ロープなどをつかんだりすることができる。歩いて移動できる水深の浅いプールでは、しっかりと確保したまま移動することができる。しかし、泳いで移動する深いプールでは、溺者の顔を水面に出した状態を維持しなければならないため、長い距離の移動には向かない。

移動は平泳ぎのキックや巻き足、横泳ぎなどを用いて、救助者の頭側へ移動する。

◆図7-27　ダブルショルダー・トウ

両肩を確保して引っ張る

◆図7-28　レスキューチューブを用いたダブルショルダー・トウ

レスキューチューブを溺者の背中に入れて浮かせる

◆図7-29　ショルダー・トウ

片方の肩を脇の下から確保して引っ張る

◆図7-30　クロスチェスト・トウ

片腕を肩口から胸の前を通して反対側の脇の下を手でつかみ引っ張る

④ダブルアームピット・トウ

溺者の両脇の下（両上腕）を確保して、牽引する方法である（図7-31）。

救助者の両腕（肘）を伸ばして牽引することで、溺者との距離をとることができる。

移動は、平泳ぎのキックや巻き足などを用い、救助者の頭側へ移動する。レスキューチューブを用いることで体勢保持ができ、安定させることができる（図7-32）。

⑤アームピット・トウ

溺者の片方の脇の下（上腕）を確保して、牽引する方法である（図7-33）。

ダブルアームピット・トウから片手をはずした状態であり、片手で水をかいたり、ロープなどをつかんだりすることができる。

移動は平泳ぎのキックや巻き足、横泳ぎなどを用い、救助者の頭側へ移動する。

⑥ヘッド・トウ

溺者の頭部（両耳）を両手ではさんで確保して、牽引する方法である（図7-34）。

救助者の両腕（肘）を伸ばして牽引することで、溺者との距離をとることができる。

移動は平泳ぎのキックや巻き足などを用い、救助者の頭側へ移動する。

⑦リスト・トウ

溺者の片方の手首（前腕）を上からつかんで確保して、牽引する方法である。救助者は、溺者の手首を握ったほうの腕の肘を伸ばした状態で牽引する（図7-35）。

素手での（救助器材を用いずに）救助方法の中ではもっとも溺者との距離をとって牽引することができ、片手で水をかいたり、ロープなどをつかんだりすることができる。ただし、救助者の牽引力が強くなければ、溺者の顔を水面に出したままにすることができず、水没する危険性がある。

移動は横泳ぎを用いるのがもっとも効果的である。

⑧そのほかのトーイング

1）ヘアー・トウ

溺者の髪の毛をつかんで確保し、牽引する方法である。

溺者の髪を後頭部で束ねた状態で牽引するため、髪の毛の短い溺者には向かない。そのため、女性など長い髪の溺者の場合に限られる。

2）クロース・トウ

溺者の着衣の後ろ襟などをつかんで確保し、

◆図7-31　ダブルアームピット・トウ

両脇の下をつかんで引っ張る

◆図7-34　ヘッド・トウ

両手で頭部をはさんで引っ張る

牽引する方法である。

衣服をまとった溺者の後ろ襟をつかんで牽引するため、首（喉元）を強い力で絞めないように注意しながら移動する。

3）タオルやロープなどを用いる方法

溺者に意識のある場合、仰向けにし、タオルやロープを両手で胸の前の位置でしっかりとつかんでもらい、溺者の頭側の方向に牽引しながら移動する（図7-36）。タオルやロープの代わりに、ビート板などの浮力のあるものを用いることもできる。

◆図7-32　レスキューチューブを用いたダブルアームピット・トウ

レスキューチューブを溺者の背中に入れて浮かせる

◆図7-33　アームピット・トウ

片方の脇の下をつかんで引っ張る

◆図7-35　リスト・トウ

片方の手首をつかんで引っ張る

◆図7-36　タオルを用いたトーイング

溺者に握ってもらったタオルをつかんで引っ張る

8 プールから溺者（傷病者を含む）を引き上げる方法

■1. サポート・ポジション

　トーイングによってプールサイドに移動したら、次は溺者（傷病者を含む）を安全にプールサイドに引き上げることになる。

　このとき、プールから水上へ溺者を引き上げる前に、溺者の背中側から両脇の下に救助者の両腕を通してプールサイドをつかみ、安定した体勢（サポート・ポジション）をとることが大切である（図7-37）。溺者の安全確保のため、このポジションをとりながら、ほかのプール・ライフガードや協力者が来るまで、溺者をしっかりと確保・固定しなければならない。

　特に意識がない溺者の場合は、溺者の顔が水中に没しないように気をつける。水深の深い浅いにかかわらず、このままの状態で体勢を整える。

■2. 溺者が自力で上がれる場合

○スターアップ・リフト

　救助者が両手で作った踏み台（あぶみ）を用いて上がる方法である（図7-38）。

　救助者は、両手の指をしっかりと組んで踏み台を作り、腕を下方に伸ばす。両膝を曲げて低い姿勢となり、その踏み台に傷病者の片足をのせてもらう。そして、溺者と呼吸を合わせて、

◆図7-38　スターアップ・リフト

① 軽く両膝を曲げ、組んだ両手の指の上に溺者の片足の裏をのせる

② 曲げていた両膝を伸ばして持ち上げる

◆図7-37　サポート・ポジション
　　　　　　　　　　　背面から見た様子

横から見た様子

両膝を伸ばしながら溺者を持ち上げる。溺者は、もう片方の足をプールサイドにしっかりとのせて踏み込みながら上がる。

この方法は、身体が小さい子どもや体重が軽い溺者には行えるが、成人や体重のある子どもの場合は2〜3人で行う（p.116〜117を参照）。

3. 救助者1人で引き上げる方法

○クレイドル・リフト

溺者を抱きかかえながら上げる方法である。

溺者の身体を仰向け（水平位）にして、救助者の片方の腕で溺者の肩の下側から胸の前を通して反対側の脇の下をつかみ、もう片方の腕で溺者の両膝の下から両脚を抱えて、プールサイドの上に両腕を前に降ろすように引き上げる。

4. 救助者2人で引き上げる方法

①アンダーアーム・リフト

救助者2人が上下に分かれて溺者を上げる方法である。

1) プールから水上へ溺者を引き上げる前に、プール内の救助者は、溺者の背中側から両脇の下に救助者の両腕を通してプールサイドをつかみ、確保する（サポート・ポジションを

◆図7-39　アンダーアーム・リフト

①背中側から両脇の下に腕を通し、プールサイドをつかむ（サポートポジション）
②プールサイド上の救助者は両手首をつかむ。プール内の救助者は腰を支える
③反転させて背中をプールサイドに向けさせる
④プール内の救助者は腰を支え、プールサイド上の救助者は持ち手を片方ずつ移す
⑤プールサイド上の救助者は両脇をつかむ
⑥2人の呼吸を合わせて引き上げ、プールサイドに座らせる

◆図7-40 アシステッド・リフト

① プールサイド上の救助者は両腕をつかむ

② プール内の救助者は退水し、2人で手首と脇の下をつかむ

③ 2人の呼吸を合わせて上半身を折り曲げるように引き上げる

④ 顔を横向きにしながら支えて寝かせる

⑤ 下半身を水中から引き上げる

⑥ プールサイドと平行に寝かせる

⑦ 仰向けに体位変換する

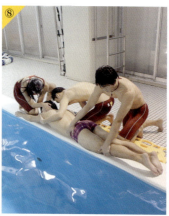
⑧ 頭部を支えながら、身体を起こす

⑨ 仰向けにして観察を続ける

とる）（図7-39 ①）。
2) プールサイド上の救助者は腕を交差させて溺者の両手首をつかみ（図7-39 ②）、溺者を反転させて背中をプールサイド側に向けさせる（図7-39 ③）。
3) プール内の救助者は溺者の腰を両手で支え、プールサイド上の救助者は片腕ずつ溺者の脇の下を前方からつかみ直す（図7-39 ④、⑤）。
4) プールサイド上の救助者が溺者の両脇をつかみ直したら、上下の救助者が呼吸を合わせて溺者を持ち上げ、溺者をプールサイドで一度座る姿勢をとらせて（図7-39 ⑥）から引き上げる。

②アシステッド・リフト

救助者２人が引き上げる方法である。
1) プール内の救助者は、溺者をサポート・ポジションをとって確保する。
2) プールサイド上の救助者が溺者の両腕をつかんだことを確認したら、プール内の救助者はプールサイドへ上がる（図7-40 ①）。
3) 救助者２人がそれぞれ、右（左）手で溺者の手首、左（右）手で溺者の脇の下をつかみ、呼吸を合わせて溺者の腰の位置まで水面から持ち上げる（図7-40 ②）。
4) 救助者２人はプールから離れるように少し後ろに下がりながら、溺者の上半身を折り曲げるようにしてプールサイドに上げる（図7-40 ③）。その際に溺者の顔（頭部）をプールサイドに打ちつけないようにし、溺者の顔に近い方の脇の下をつかんでいる救助者がその手を離して顔を横向きにしながら頭部を支えて寝かせる（図7-40 ④）。
5) その後、１人の救助者が溺者の背中の中央を支えながら、下半身を水中から引き上げ（図7-40 ⑤）、溺者をプールサイドと平行に向

け（図7-40 ⑥）、必要に応じて仰向けにする（図7-40 ⑦、⑧、⑨。写真ではバックボードの上に仰向けにしている）。

5.救助者３人で引き上げる方法

①２人ではアシステッド・リフトで引き上げられない場合

救助者の１人がプール内に入り、水中から溺者の腰を両手でつかみ、プールサイド上の２人の救助者と呼吸を合わせて、３人で協力して溺者を持ち上げる（図7-41）。

◆図7-41　３人で行うアシステッド・リフト

プールサイド上から２人、水中から１人の救助者で支える

３人の呼吸を合わせて引き上げる

②溺者の身体が大きい場合

　クレイドル・リフトを3人で行う。

　溺者の身体を仰向け（水平位）にして、横から身体の下に腕を入れる（図7-42▶①）。確認できたら、呼吸を合わせて、一度救助者の胸の前に抱きかかえるようにして水面から持ち上げる（図7-42▶②）。その後、再び呼吸を合わせて、両腕を前に降ろすようにして溺者をプールサイドに引き上げる（図7-42▶③）。

◆図7-42　3人で行うクレイドル・リフト

仰向けにして3人の腕を溺者の下に差し入れる

抱きかかえて胸の高さまで持ち上げる

両腕を前方に降ろすようにプールサイドに引き上げる

■6.器材を使って上げる方法

①救助者2人でのバックボード・リフト

　ここでは、バックボードを用いて、2人で溺者をうつ伏せで引き上げる場合を紹介する。

1) プール内の救助者がサポート・ポジションをとって溺者を固定している間に、プールサイドの救助者がバックボードを準備し、溺者とプールサイドとの間に差し入れる（図7-43▶①）。
2) 溺者の片方の手の指をバックボードの上方へかけ、救助者はそれをバックボードに押しつけるように覆いながら片手でハンドルをつかむ。もう一方の手でさらに別のハンドルをつかむ（図7-43▶②）。
3) 救助者は呼吸を合わせて、バックボードごと溺者をプールサイドに引っ張り上げる（図7-43▶③）。
4) プールサイドの救助者は、両手でバックボードの上方をつかみながら後方へ下がり、ゆっくりとバックボードを水平にする（図7-43▶④、⑤）。

　この方法では、水中の救助者は溺者の身体がバックボードの中央からずれ落ちないように、また、溺者の下がった方の片手がバックボードとプールサイドの間にはさまらないように注意しなければならない。

②救助者3人でのバックボード・リフト

　ここでは、バックボードを用いて、3人で溺者を仰向けで引き上げる場合を紹介する。

1) プール内の救助者がサポート・ポジションをとり、プールサイドの救助者が両腕を交差させてから溺者の両手首をつかみ（図7-44▶①）、溺者を反転させる。
2) プール内の救助者は、プールから上がり、バックボードを準備し、傷病者の背中とプー

ルサイドとの間にバックボードを差し入れる（図7-44 ②）。
3）救助者2人はそれぞれ、左右の手で溺者の手首とバックボードをつかみ、溺者の身体がバックボードの中央に位置するようにしなが ら、呼吸を合わせてゆっくりと引き上げる（図7-44 ③）。
4）呼吸を合わせて、バックボードを持って後方へ下がりながら、水平に寝かせる（図7-44 ④）。

◆図7-43　2人で行うバックボード・リフト（うつ伏せ）

①溺者とプールサイドの間にバックボードを差し入れる
②バックボードをつかむ
③2人の呼吸を合わせてバックボードごと引き上げる
④バックボードを引き上げながら水平に傾ける
⑤ゆっくりと水平にする

◆図7-44　3人で行うバックボード・リフト（仰向け）

①プールサイド上の救助者が両腕をつかむ。プール内の救助者は腰を支える
②反転させたら、背中とプールサイドの間にバックボードを差し入れる
③3人の呼吸を合わせてバックボードごと引き上げる
④引き上げながら、ゆっくり水平にする

「レスキューチューブ」秘話

　現在、全国のライフセーバーや公的救助機関が救助器材として使用している「レスキューチューブ」。この救助器材の日本での導入と普及に尽力した人がいたことはあまり知られていない。

　片瀬西浜海岸で1966、67（昭和41、42）年に海水浴場の警備員（ライフセーバー）として活動した故小池忠雄氏である。

　彼は23歳の1968（昭和43）年春に、一通の紹介状とともに横浜港大桟橋より船で米国西海岸へと旅立った。この手紙は日本赤十字社（以下「日赤」とする）水上安全法の生みの親である小森栄一氏が米国赤十字社ロサンゼルス支部安全課長あてに記したものだった。

　小池氏はそれを持って米国赤十字社支部を訪問すると、サンタモニカビーチのライフガードオフィスを紹介された。そこで、ピート・ピーターソン氏という救助器材の開発制作者と出会い、米国のライフガードが開発し使用している各種救助器材を目にする。このとき、特に小池氏の目を引いたのが「レスキューチューブ」であった。これは溺者の救助に向かう際に泳ぎながら簡単に引っ張っていくことができ、また溺者に巻き付けて浮力を確保しながら水面を牽引することができるものであった。溺者を素手で引っ張るよりも救助者の負担を軽減でき、そして何よりも溺者だけではなく救助者自身の浮力の確保も可能となり、二重事故の防止に役立つ画期的なものだったからである。

　1970（昭和45）年に小池氏は２本のレスキューチューブを持って帰国した。これが、日本で最初に持ち込まれたレスキューチューブである。そして、このときに販売代理店の契約書を持ち帰ったことで、彼の人生は大きく変わった。片瀬西浜海岸でも活動をともにし、同じ日赤水上安全法指導員であった故金子邦親氏（日本ライフセービング協会初代理事長）と吉田一心氏とこの器材を用いたトレーニングを繰り返し、レスキューチューブを用いた救助技術の基礎を確立するとともに、国内での普及活動を始めたのである。

　小池氏は、日赤本社と日赤各都道府県支部、消防庁ほか各地の消防署、警察庁および各都道府県警察本部、自衛隊、海上保安庁など、全国に自費で出向き、器材の使い方を説明し、時に屋外のプールでデモンストレーションを行った。新しい救助技術をレスキューチューブとともに普及して歩いたのである。その後、日赤にサンプルとして１本購入してもらったものの（日赤が水上安全法講習会でレスキューチューブを使用する実技を導入したのは、ずっと後の平成以降）、当時はまったく見向きもされなかった。しかし、それでもこの器材の有効性を全国各地に広めることは水の事故防止やライフセービングの普及につながると信じ、またそれが自分自身の使命と思い、その後も紹介し続けた。

　また、普及とはいえ、商売として救助器材を扱うことで中傷されることもあったという。それは彼がボランティアで活動していた日赤指導員という立場があったからであろう。決して儲けを出すような売り上げはなかったものの、彼は熟考の末、指導員資格を返上したうえで自らの思いを貫くことを選んだ。

　その後、1972（昭和47）年に自治体として横須賀市（神奈川県）が、海水浴場では初めてレスキューチューブを導入し、消防でも救助器材としての導入が始まり本格的に普及していった。

　小池氏は自らの会社を設立し、プールの施工などの仕事をするかたわら、ライフワークとしてレスキューチューブを扱った。レスキューチューブは水難救助において必要不可欠な器材となり、現在もその仕様や形状を少しずつ変えながら進化を重ねている。今でも小池氏の意思は引き継がれているのである。

第 **8** 章

頸椎損傷・頸髄損傷の疑いのある場合の救助

- ▶**1**……頸椎損傷・頸髄損傷とそのメカニズム◀
- ▶**2**……頸椎損傷・頸髄損傷の疑いのある場合の基本の手技◀
- ▶**3**……頸椎損傷・頸髄損傷の疑いのある場合の救助の流れ◀

I 頸椎損傷・頸髄損傷とそのメカニズム

1. 頸椎損傷・頸髄損傷の疑いのある場合の対応

死に至る危険のある重大事故のひとつに水泳における飛び込み事故がある。この飛び込み事故とは、主に競泳のスタート時のスタート台からの飛び込みや飛込競技などにおいて、技術の未熟や失敗などが原因で起こるものである。そのほか、頭部から誤った入水をしたり、プール内での肩車や宙返り動作などにより、水底に頭部を強打したりすることで起こる。

頸部の骨の損傷が「頸椎損傷」、頸部の脊髄の損傷が「頸髄損傷」であり、頸髄損傷が起こってしまうと、手足の麻痺だけではなく、全身の運動機能や感覚知覚機能、自律神経機能が失われる状態となることがある。最悪な場合には呼吸ができなくなり死に至る。少しでもこれらが疑われる場合は目撃者がいるかどうかにかかわらず、頸髄損傷として救助および応急手当を行うことになる。

2. 頸椎損傷・頸髄損傷のメカニズム

頸椎は7つの骨で形成され、脊柱（すべての脊椎）の上部で重い頭部を支えており、脊椎の内部には脳から伸びている脊髄（神経の束）が通っている。頸椎および頸髄の損傷は、スタート台やプールサイドからの飛び込み、プールサイドから駆け込んで飛び込んだりすることなどにより、水底に頭部を強打して起こるものである。頸部の過度の伸展（頭を後ろに反らす動作）や圧迫によって、頸椎（頸部の骨）の脱臼や骨折が起こったり、それに伴って頸椎に覆われている頸髄（頸部の脊髄）の損傷が起こったりすることである（図8-1）。また、宙返りなどを行って失敗した場合や、プール内で肩車をされた状態から後方へ落下することなどで、水底に頭部を打ち、頸部の過度の屈曲（前へ顎を引く動作）や圧迫によっても頸髄損傷が起こることがある。

3. 頸椎損傷・頸髄損傷の症状

頸髄がダメージを受けると、上肢を動かす運動麻痺（両手や両腕を自由に動かせなくなる状態）を起こす。さらに重症になれば、四肢の麻痺をきたし、呼吸運動、手足や体幹の感覚知覚、血管や内臓をコントロールする自律神経系などへの影響が生じる恐れもある。知覚を支配する神経に影響がある場合、軽度であれば鈍い、びりびりした感覚や痺れなどが起こり、さらにダメージが大きければ、まったく感覚がなくなるなどの症状が現れる。

運動を支配する神経に影響がある場合、軽度であれば力が入りにくいなどの症状が現れる。さらにダメージが大きければ、四肢をまったく動かせないという状況になる。また、水底に頭部を強打してすぐに四肢が動かせなくなった場合は、自力で動けないため、浅い水深のプールであっても溺水を起こすこととなる。

◆図8-1 頭部強打／屈曲

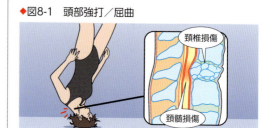

2 頚椎損傷・頚髄損傷の疑いのある場合の基本の手技

■1．頚椎損傷・頚髄損傷の疑いのある場合の手当の原則

　頚椎損傷や頚髄損傷の疑いが少しでもある場合は、ほんの少しの振動や動揺が悪化を招くことにつながる。頚髄の損傷をそれ以上悪化させない（二次的損傷を与えない）ことを優先し、急がず丁寧な手当を行うことが求められる。

　頚椎を動揺させないように中間位（屈曲・伸展、側屈をしない、真っすぐな向きの状態）で、できるだけ水平位を保ち、その場でできる最善で正しい方法で固定を行う。

　このとき、固定をせずにプールサイドに上げようとすると、脊髄損傷を悪化させることにつながる可能性がある。そのために、頚部のみの固定だけではなく全脊柱固定を行い、さらに水平位を保って、必ず水上で十分な固定を行ってから移動するようにする。

　頚椎損傷・頚髄損傷が少しでも疑われる場合は、徒手で頚部の固定ができる確保方法（ヴァイス・グリップ、エクステンディッドアーム・グリップ、ボディハグ）を用いる。

■2．徒手による固定法

①ヴァイス・グリップ

　これは、救助者の両前腕で傷病者の頚部をはさみ込む固定法である。

　傷病者が水中に顔を伏せた状態であるとき、万力（ヴァイス）ではさむように、傷病者の頭部から胸部ならびに背部を、救助者の両前腕と

◆図8-2　ヴァイス・グリップ

① 動揺を与えないように入水し、静かに接近する

② 胸の真ん中に前腕を差し入れ、手で下顎をつかむ（ヴァイス・グリップ）

③ もう一方の前腕を背部に当て、手で後頭部をつかみ、頭部を確保する

④ 固定したまま反転させる

両手で前後にはさんで固定し、そのまま反転（ロールオーバー）させ、傷病者の顔を水面に出す方法である。

1) 救助者は、傷病者に静かに接近し、左右いずれかの側方（上半身の横）に位置する（図8-2▶①）。
2) 傷病者の下顎から胸骨上部、そして後頭部から背部を、救助者の両前腕部全体ではさみ込むように圧迫する。このとき救助者は、傷病者の横から身体を密着させた状態になり、揃えた両指の親指だけを開いて傷病者の後頭部と下顎をつかみ、頭部を確保する。救助者は、手首を動かさずに、頚部を左右、前後に動揺させないようにして、両肘、前腕、両手のすべてで正中線上からずれないように強い力でしっかりと固定する（図8-2▶②、③）。できるだけ傷病者の全身が水平に近くなるように上半身の固定を行う。
3) 傷病者を水平に近い状態でしっかりと固定したまま、水面で傷病者の正中軸を中心に反転させ、顔を水面に出して呼吸のできる状態にする。この際、救助者が潜りながら行うことで、救助者を水面から沈めないことが大切である。
4) 反転後も、両肘の位置が傷病者の正中線上からずれないようにし、回転前の固定状態を維持継続する（図8-2▶④）。救助者の前腕と両手で、傷病者の上からと下からと（前からと後ろからと）強い力でしっかりと固定する。

②エクステンディッドアーム・グリップ

これは、傷病者自身の両腕（上腕）で頭部をはさむ固定方法である。

傷病者の両腕を使って、頭部を左右両側から押さえることで頚椎の動揺を防ぐことができる。傷病者の両腕を頭部側へ真っすぐに伸ばし、左右の上腕で頭部を両側からはさみ、救助者がその両腕を両手で強い力で押さえて固定する。もし、傷病者が水没していたり、うつ伏せ（顔が水に没した状態など）になっていたりした場合には、固定をしたまま反転（ロールオーバー）させる（この場合の反転は、「エクステンディッドアーム・ロールオーバー」という）。

なお、ここでは水深が浅く足が着く場合を想定した救助活動の流れを紹介する（水深が深く足が着かない場合はレスキューチューブを用いるとよい）。

［傷病者が仰向けの場合］
1) 救助者は、傷病者の頭部側から静かに接近する（図8-3▶①）。
2) 傷病者の上腕部を両手でつかみ、水面が波立たないようにして、静かに傷病者の頭部上方に引き寄せる（図8-3▶②）。
3) 救助者は、頭部の左右を傷病者自身の両腕ではさみ込み、その両腕を強い力で固定する。傷病者の横の位置で身体を密着させながら、両手で左右からの固定を継続維持する（図8-3▶③）。

［傷病者がうつ伏せの場合］

傷病者の両腕で頭部を左右からはさむ固定を行い、反転させて顔を水面に出す方法を用いる。

1) 救助者は、傷病者の側方に歩いて静かに接近する（図8-4▶①）。
2) 傷病者の上腕部を外側から両手でつかみ、頭部上方に伸ばし、頭部の左右を傷病者自身の両腕ではさみ込むように強い力で固定する（図8-4▶②）。

3) 救助者は、傷病者の横の位置で身体をしっかりと固定したまま、両手を離さずに傷病者を反転させ、左右からの固定を維持継続する（図8-4 ③）。

◆図8-3　エクステンディッドアーム・グリップ
　　　　（傷病者が仰向けの場合）

静かに接近する

両腕を上方に引き寄せる

頭部を両腕ではさんで固定する

◆図8-4　エクステンディッドアーム・グリップ
　　　　（傷病者がうつ伏せの場合）

静かに接近する

頭部を上腕部で固定する

反転させて、顔を水面に出させる

③レスキューチューブを用いた
　エクステンディッドアーム・ロールオーバー
［水深が深く、傷病者がうつ伏せの場合］
　これは、救助者がレスキューチューブを抱えて接近し、水上で固定した後に反転させる方法である。
1）救助者は、傷病者の後方から静かに泳いで接近する（図8-5①）。
2）救助者は、レスキューチューブで浮力を確保しながら、傷病者の上腕部を両手でつかみ、水面が波立たないようにして、傷病者の頭部上方に伸ばし、傷病者自身の両腕で頭部の左右をはさみ込みようにして確保する（図8-5②）。
3）溺者の頭部を両腕ではさみ込み固定できたら、救助者は傷病者をしっかりと固定したまま、水面で正中軸を中心に傷病者を反転させ、顔を水面に出し呼吸のできる体勢にする。このとき、脊柱全体が大きくしなったり曲がったりしないように十分注意する。救助者は傷病者の横の位置で密着しながら、両手で左右からの固定を維持継続する（図8-5③）。

④ボディハグ
　これは、救助者が傷病者の背後から身体を密着させ、傷病者の両脇の下から両腕を通し、両手で頭部を左右から固定する方法である。
1）救助者は、傷病者の後方から静かに接近する。
2）傷病者の後方から両脇の下に救助者の両腕を深く差し入れて両肘を曲げ、両手全体で傷病者の頭部を左右からはさみ込む。
3）救助者は、傷病者の頭部を両手ではさみ込んでしっかりと固定したまま、傷病者の顔を水面に出して呼吸のできる体勢にする。救助者は傷病者の背中に身体を密着させた状態のまま、両手で頚部をしっかりと固定する。

◆図8-5　レスキューチューブでのエクステンディッドアーム・ロールオーバー

静かに接近する

頭部を両腕ではさんで固定する

固定したまま顔を水面に出させる

　この方法は、長い時間の固定には向かず、両脇の下に差し入れた救助者の腕が浅くなると頭部の前後の動き（伸展・屈曲）に影響が出るため、注意が必要である。

3 頚椎損傷・頚髄損傷の疑いのある場合の救助の流れ

1. 浅いプールでの場合

　ここでは、プールの底に足が着くような浅いプールの中で、バックボードを用いて行う全脊柱固定の方法を紹介する（図8-6）。

1) 最初の救助者Aは、傷病者の側方から静かに接近する（図8-6▶①）。
2) 傷病者の側方から徒手によるヴァイス・グリップで固定する（図8-6▶②）。
3) 傷病者がうつ伏せになっている場合は、固定したまま救助者Aが潜り、傷病者を反転させ、呼吸できる状態を確保する。水没している場合は、水中で固定したまま反転させ、浮上する（図8-6▶③）。
4) 救助者Aは、応援のプール・ライフガードが来るまで移動せず、また固定を緩めずに傷病者を水面に浮かせたまま、呼吸ができる体勢にする。

※水深の深いプールでの対応については、後述するが、傷病者の頚部を固定したままの

◆図8-6　浅いプールでの救助〈その1〉

静かに接近する

反転させて、顔を水面に出させる

ヴァイス・グリップで固定する

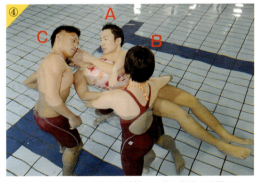

応援の救助者とともに固定を維持し、生の徴候を確認する

状態で水深の浅いところまでゆっくり移動することが原則である。

5）応援の救助者Bは、傷病者の体幹部を上部から両手で確保し水平に保ち、全脊柱を固定するまではずっと安定した確保を維持継続する。また、救助者Aは、徒手による固定を緩めず、応援の救助者Cが生の徴候を傷病者の頭部横から確認する（図8-6▶④）。

6）生の徴候を確認した救助者Cは、傷病者の頭部に密着するように近づき、左右から両手で頭部を確保して救助者Aと交代する。また、救助者Bは溺者の身体が沈んだり動揺したりしないように背部をしっかりと支える。頭部確保を救助者Cに交代した救助者Aは、頚椎カラーの装着をするためにサイズを測定する（図8-6▶⑤）。

7）頚椎カラーのサイズを合わせるために、救助者Aは傷病者の頚部の長さ（下顎と肩までのおおよその長さ）を手の指で確認する（図8-6▶⑥）。

8）傷病者に合ったサイズ、または傷病者のサイズに調整した頚椎カラーを装着する。
　①まず救助者Aは、頚椎カラーを傷病者の前方から下顎の位置に合わせて当てる（図8-6▶⑦）。
　②続けて、頚椎カラーの後頭部側を密着させたうえ、再びヴァイス・グリップで頚部の固定を行う（図8-6▶⑧）。
　③救助者Cは、救助者Aが再びヴァイス・グリップで固定したことを確認した後、頭部を固定していた手を離し、頚椎カラーの固定を完了させる（図8-6▶⑨）。
　④救助者Cは、頚椎カラーを装着した傷病者の頭部を両手の親指を開いた状態で両肩をつかみながら両前腕部で左右から固定する。また、救助者Bは、そのまま傷病者の体幹部を抱え、水平の位置で確保する（図8-6

◆図8-6　浅いプールでの救助〈その2〉

頭部の確保を交代し、頚椎カラーの装備の準備をする

再びヴァイス・グリップで頚部を固定する

バックボードにのせて、体幹部を固定する

▶⑩）。

9）傷病者の全身を水平に保ちながらバックボードにのせ、体幹部の固定をする。救助者Aは、バックボードを傷病者の横から水中に沈め、

頚椎カラーのサイズを確認する

頚椎カラーを下顎に合わせて当てる

頚椎カラーの固定完了

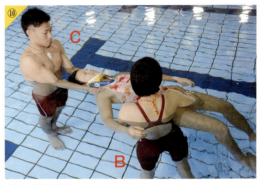
水平の位置を保つ

胸（脇の下）のストラップをとめる

腰のストラップをとめる

全脊柱固定ができる適切な位置に傷病者を合わせる。また、救助者Bはバックボードごと傷病者の体幹部を抱え、水平の位置で確保する（図8-6 ⑪）。

①救助者Aは、まず胸（脇の下）のストラップをとめる（図8-6 ⑫）。
②続いて、腰の位置のストラップをとめる（図8-6 ⑬）。

10) ヘッドイモビライザーで左右から頭部の固定をする。胸(脇の下)と腰の2点のストラップを固定した後、救助者Aは、ヴァイス・グリップでバックボードごと傷病者を固定する。ヴァイス・グリップでの固定がされた後、救助者Cは、傷病者の頭部の確保の手を離し、ヘッドイモビライザー装着の準備をする(図8-6 ⑭)。

①ヘッドイモビライザーの固定は額、顎の順で行う(図8-6 ⑮)。

11) バックボードの固定を完結し、端末の処理をする。

①救助者Cは、バックボードの頭部側のグリップを両手でつかみ、支える(図8-6 ⑯)。

②救助者Aは、傷病者の大腿部膝上のストラップをとめ、固定する(図8-6 ⑰)。

③ストラップの端末で両手首を下腹部の上で結ぶ(図8-6 ⑱)。

12) 水面でバックボードへの固定(全脊柱固定)ができたら、水平を維持しながら頭部側よりプールサイドへ引き上げる。

①救助者Aは、バックボードの足側のグリップを両手でつかんで支える。救助者B、Cは、バックボードの頭部側のグリップを左右に別れてつかみ、支える。水平を保ちながら、水面をゆっくりと移動し、頭側をプールサイドに垂直に向ける(図8-6 ⑲)。

②バックボードの頭部側をプールサイドの縁にのせ、救助者B、Cはプールサイドへ静かに上がる。救助者Aはバックボードの足側のグリップをつかみ、水平の位置のままで支える(図8-6 ⑳)。

③救助者B、Cは、バックボードの頭部側の左右のグリップをつかみ、静かにプールサイドへ水平のまま引き寄せる。救助者Aは、バックボードを前方へ送り出す(図8-6 ㉑)。

◆図8-6　浅いプールでの救助〈その3〉

頭部を確保した手を離し、ヘッドイモビライザー装備の準備をする

大腿部膝上のストラップをとめる

足側のみ水中で支え、ほかの2人はプールサイドに上がる

13) バックボードを完全にプールサイドへ上げる。プールサイドに引き上げたら、必要に応じて手当を行いやすい向きにする(図8-6 ㉓)。

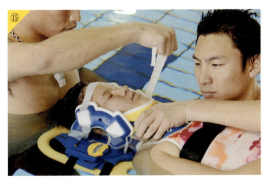
固定を「額→頚」の順に行う

バックボードのグリップをつかむ

ストラップの端末で両手首を固定する

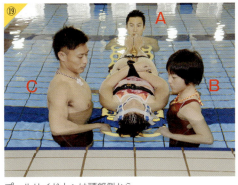
プールサイド上へは頭部側から

水平を保ちつつ、バックボードを進める

横から見た図

14) 傷病者の胃内容物の逆流があった場合は、バックボードごと横に向けて口内の異物などを流れ出させ、かき出す。

プールサイドに上げたら、手当を行う

2.深いプールでの場合

深いプールではレスキューチューブを用いて傷病者の確保をする。

ここでは、プールの底に足が着かない深いプールの中でバックボードを用いて行う全脊柱固定の方法を紹介する。

1) 救助者Aは、レスキューチューブを抱えたまま、傷病者に静かにゆっくりと接近する（図8-7▼①）。
2) 傷病者の側方から徒手による固定を行う。
3) 傷病者がうつ伏せの場合は、傷病者の両腕で頭部を固定したまま反転させ、傷病者の顔が水面に出た状態で確保する（エクステンディッドアーム・ロールオーバー、図8-7▼②）。
4) 応援のプール・ライフガード（救助者B）が来たら、救助者Bは、救助者Aの反対側に位置し、ヴァイス・グリップで固定したまま、ゆっくりプールサイド近くへ移動する（図8-7▼③）。
5) プールサイドにいる別のプール・ライフガード（救助者C）は、腹ばいの低い姿勢で傷病者の頭部を左右から両手でしっかり支える。また、救助者Bは、ヴァイス・グリップで固定を維持継続する。救助者Aは、固定を外し、頭側に伸びた傷病者の腕を体幹部側へ下げて、傷病者の体幹部を支える（図8-7▼④）。
6) 救助者Bは、固定を外し、頸椎カラーのサイズを確認するため、傷病者の頸部の長さを手の指で測る（図8-7▼⑤）。
7) 傷病者に合ったサイズ、または傷病者のサイズに調整した頸椎カラーを装着する。
   ①救助者Bは、頸椎カラーを傷病者の下顎の位置に合わせて当てる（図8-7▼⑥）。
   ②救助者Bは、頸椎カラーの後頭部側を密着

◆図8-7 深いプールでの救助〈その1〉

レスキューチューブを抱えて、静かに接近する

プールサイドの応援者が頭部を左右から支える

頸椎カラーを装着する（後頭部側を密着）

させる（図8-7▼⑦）。

8) 救助者Bは、頸椎カラーを密着させたまま、再びヴァイス・グリップで傷病者の頸部を固定する。救助者Cは、救助者Bが固定したこ

両腕で頭部を固定したまま反転させる

応援者は反対側からヴァイス・グリップで固定する

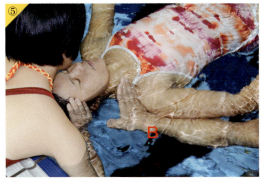
ヴァイス・グリップを外し、頸部の長さを確認する

頸椎カラーを装着する（下顎の位置合わせ）

再びヴァイス・グリップで固定する

頭部を両上腕部ではさんで固定する

とを確認した後、頭部を確保していた両手を離し、頸椎カラーの装着を完了する（図8-7▼⑧）。

9) 救助者Cは、頸椎カラーを装着した傷病者の頭部を、両上腕で左右から固定する。両手の親指を開いた状態で両肩をつかみながら、両前腕部で左右から固定する（図8-7▼⑨）。

10）救助者Aは、そのまま傷病者の体幹部を支えて水平の位置で確保する。救助者Bは、ヴァイス・グリップを外し、バックボードを用意して傷病者の横から差し入れる（図8-7 ⑩）。
11）バックボードを適切な位置に合わせる。その後、救助者Aは、バックボードの足側にレスキューチューブを差し入れ、バックボードの浮力を確保する（図8-7 ⑪）。
12）救助者Bは、傷病者の胸（脇の下）のストラップをとめる（図8-7 ⑫）。
13）救助者Bは、傷病者の腰のストラップをとめて、端末で両腕を結ぶ。
   ①腰の位置のストラップをとめ、固定する（図8-7 ⑬）。
   ②両手首を固定する（図8-7 ⑭）。
14）胸（脇の下）と腰の2点のストラップを固定した後、救助者Cは、バックボードの頭部側の持ち手をつかんで支える。救助者Bは、傷病者の頭部のヘッドイモビライザーを装着し、頭部の固定を行う（図8-7 ⑮）。
15）救助者Bは、大腿部膝上のストラップを固定する（図8-7 ⑯）。
16）救助者Bは、静かにゆっくりとプールサイドへ上がる（図8-7 ⑰）。

◆図8-7　深いプールでの救助〈その2〉

水平の位置を保ちながらバックボードを差し入れる

腰部のストラップをとめる

大腿部膝上のストラップをとめる

バックボードの足側にレスキューチューブを差し入れる

胸部のストラップをとめる

両手首をストラップで固定する

ヘッドイモビライザーを装着する

動揺を与えないように静かに退水する

17) 救助者B、Cは、バックボードの頭部側のグリップを左右に分かれて両手でつかむ。水平のままプールサイドへ引き寄せる。
　①救助者B、Cは、バックボードの頭部側の左右のグリップをそれぞれ両手でつかむ（図8-7▸⑱）。
　②バックボードを静かにゆっくりとプールサイドへ水平のまま引き寄せる（図8-7▸⑲）。
　③救助者Aもプールから上がる（図8-7▸⑳）。
18) プールサイドに引き上げたら、必要に応じて手当を行いやすい向きにする（図8-7▸㉑）。

◆図8-7　深いプールでの救助〈その3〉

プールサイドの2人は左右のグリップをそれぞれつかむ

水平を保ちながらプールサイドへ引き寄せる

足側の救助者も動揺を与えないように静かに退水する

応急手当を行いやすい向きに動かす

134

第9章
プール・ライフガードによる応急手当

- 1……応急手当とその原則
- 2……傷病者の観察
- 3……応急手当の現場での留意点
- 4……プールや施設およびプール関連施設で起こりうる傷病とその手当
- 5……傷病者についての情報のまとめ方

I 応急手当とその原則

1. 応急手当とは

プールおよびプール関連施設において傷病者が発生した場合、プール・ライフガードは傷病者のプール利用をただちに中止させたうえで、まず身体的そして精神的に安静を図る。さらに傷病者の状態を観察し、その傷病に合わせた適切な応急手当（ファーストエイド）を迅速に行わなければならない。なお、この応急手当は、あくまでも応急の手当として行う。

2. 応急手当の範囲

プール・ライフガードによる応急手当は、専門家による治療や医師による診療ではない。傷や急病などを治すためではなく、医療機関での診療を受けるまでの、あくまでも「それ以上悪化させない」ことを目的に行われる応急の手当である。

3. 応急手当で守るべきこと

応急手当の実施にあたっては、次のことに留意し、傷病者の救命を第一に、できるかぎりの努力をする。

①傷病者の同意

手当を行う前に、以下のことを確認しておかなければならない。

- 傷病者に手当を行ううえでは、必ず、本人の同意を得ることが必要である
- 傷病者が未成年の場合は原則として、その家族や保護者の同意を必要とする
- 本人や家族が拒んだ場合は、無理に手当を行わない
- 傷病者に意識がないなど、ただちに手当すべき傷病（表9-1）で、本人のみならず家族や保護者の同意もすぐに得られないときには、手当を優先して行う
- あくまでも応急手当の範囲であり、医師や医療従事者の治療ではないこと、必ず、改めて医療機関での診療を受けてもらうことを前提とした手当であることを、本人あるいは家族などに伝える（表9-2）

◆表9-1　ただちに手当すべき主な傷病の例

意識障害、気道閉塞、呼吸停止、
心停止、大出血、ひどい熱傷、
中毒

◆表9-2　応急手当に入る際の傷病者への確認事項

本人、または家族などに声をかけて、手当を行う際に同意を求める。また、原則として医療機関での受診を勧める

【手当の前】「応急手当をしますが、よろしいですか？」

【手当の後】「医療機関で必ず診察を受けてください！」

②医療行為の禁止

プール・ライフガードは、医師や医療従事者ではないため、治療は行わず、応急手当の範囲にとどめる。

- 病名や症状についての診断や治療をしない
- 医薬品は使用しない
- 死亡の判断は医師のみが行う

③二次事故の防止に留意

　必ず、プール・ライフガード自身と傷病者、およびほかの利用者の安全を確保して手当を行う。特に、施設の火災や破損、崩壊などの環境下での傷病の場合、避難および移動経路に危険がある場合、またはほかの利用者との接触などが考えられる場合には、安全な場所(救護所や救護スペース)に移動させる。

④その他

　傷病者の個人情報は、その取り扱いに十分注意する。

　近隣の消防署の救急隊とは常日頃から「顔の見える関係」を作っておくとよい。また、傷病者を医療機関へ搬送することが必要なときに備えて、緊急時対応計画(Emergency Action Plan：EAP)にもとづいた搬送計画を立て、想定訓練を行っておく。

2 傷病者の観察

1.観察とは

　傷病者の応急手当では、まず意識とバイタルサイン（生命徴候）の観察を優先する。バイタルサインとは、呼吸数、脈拍数、血圧、体温である。どれかひとつでも異常があれば生命の危機に瀕している可能性があり、ただちに医療機関を受診させる必要がある。

2.観察の実際

　応急手当においては次の要点で観察を行う。

①意識の観察

- 耳元で大きな声をかける
- 肩をたたく

　意識の観察とは、刺激に対する人間の反応を見ることであり、反応は脳の活動と連動している。応答ができない、目的のある仕草が見られないなど、反応に異常（意識障害）がある場合、そのメカニズムとして、次のことが考えられる。

1) 脳そのものがダメージを受けた場合………脳卒中、外傷、てんかん発作など。
2) 脳以外のどこかに原因があり、脳の働きを二次的に障害している場合……溺水や窒息で脳に酸素が供給されない、不整脈で失神する、糖尿病が原因で昏睡状態になるなど。

　これらの変化は生命の危機が迫っていることが多く、迅速に対応することが重要である。
　意識レベルの評価法「Japan Coma Scale (JCS)」では、刺激しないでも覚醒している状態を1桁、刺激をすると覚醒する状態を2桁、刺激をしても覚醒しない状態を3桁、と数値化することで、意識障害のレベルの分類をしている。意識が清明（正常）なときを「0」とし、意識の障害がひどくなるにつれ数値が大きくなり、もっとも悪い状態を「300」とする(p.78の表6-1を参照)。

　意識障害は、時に改善したり、増悪したりと変化することも少なくない。できれば、JCSによる意識レベルの変化を時間経過とともに記録しておくと、救急隊との引き継ぎだけではなく、後に傷病者が医療機関を受診した際に診断の大きな手掛かりとなる。

　なお、JCSの評価だけでは難しい場合は、傷病者の反応を具体的に文章で記録しておくこともよい（たとえば、「気がついたが、転倒して頭をぶつけたことは覚えていなかった」「名前や日付は応えられるが"自分はどうしたの？"と同じことばかりを繰り返し言う」など）。

　意識障害を認めたときは、瞳孔の観察も行い、図9-1のいずれかのような場合には生命の危険が迫っている可能性がある。

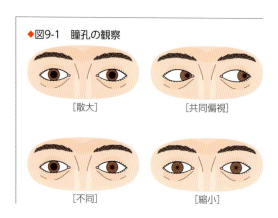

◆図9-1　瞳孔の観察

[散大]　　[共同偏視]

[不同]　　[縮小]

②呼吸の観察

- 胸の動きを見る
- 呼吸の音を聴く
- 呼気を感じる

1分間あたりの呼吸数を測るとともに、呼吸が苦しそうでないか、呼吸困難な状態でないかなど、呼吸の深さやリズムを観察する。

正常な成人の呼吸数は、1分間に約14〜20回（6歳未満の小児 20〜30回、乳児 30〜40回）ほどであるが、呼吸数が多いとき（頻呼吸）には低酸素に陥っている場合がある。これは酸素を多く取り入れようと呼吸中枢が反応し、呼吸数を増やそうとしている状況で、低酸素状態の徴候としてチアノーゼ（口唇や爪床が暗紫色になった状態）が見られる。

気管支喘息（一種のアレルギーが原因で気管支が一時的に細くなり、呼吸しにくくなる症状）の既往がある人は、頻呼吸（喘息発作）を訴えて呼吸困難となることがある。重症の場合、チアノーゼが見られ、悪化すると死に至るケースもある。精神的な要因がかかわっている過呼吸症候群（過換気症候群）では、呼吸数は増えるがチアノーゼは認められない。

脳卒中のように中枢神経に異常がある場合には、意識障害に加えて、呼吸数が多くなったり、1分間に5〜6回と少なくなったりする。規則正しいリズムではなく、呼吸がしばらくなくなったり、多くなったり、深くなったり、浅くなったりと不規則になる失調性呼吸となることもある。

意識の観察と瞳孔

正常な瞳孔の直径は、3〜4mm（左右同じ）である。瞳孔はカメラの絞りのようなもので、眼に入る光を調節している。眩しいときには瞳孔は小さくなり、暗いときには広がる。この反射は脳の中の脳幹のところに中枢（つかさどる場所）がある。脳幹とは、中脳、橋、延髄から構成され、呼吸中枢も脳幹部にあり、生命を維持するための重要な機能がここに集中している。

意識障害を認めたときには、瞳孔を観察するべきである。もし瞳孔が図9-1のようになっていたら、瞳孔の大きさを調節する中枢のある脳幹部にダメージが及んでいる可能性を考える。また、同じ脳幹部にある呼吸中枢もダメージを受け始めているかもしれない。このときは、呼吸数が変化したり、呼吸のリズムも不整になったりして、まもなく呼吸停止に陥る危険がある。

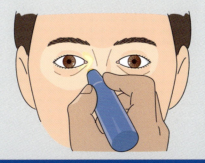

意識障害があり、吸気時に瞬間的に下顎をしゃくりあげるような動き、かつ比較的長い呼気がそれに続くような不規則なリズムでのあえぐような呼吸を"死戦期呼吸（下顎呼吸）"という。これも異常な呼吸であり、心停止（特に心室細動）に陥っている危険がある。

③脈の観察

・脈拍の速さや強さを（頸動脈、橈骨動脈、大腿動脈などで）調べる

　1分間の脈拍数とその強弱、リズムを確認する。脈拍（動脈の拍動）を体表面で触れる（感じる）ことができるところは、総頸動脈、橈骨動脈、上腕動脈、大腿動脈、足背動脈などである。これらのうち、手首の親指側で触れる橈骨動脈で測ることが一般的である。

　脈拍数の成人の目安は、1分間に60～80回（6歳未満の小児70～120回、乳児80～140回）ほどである。脈拍の数え方は、たとえば15秒間数えそれを4倍してもよいが、リズムが不整であった場合は1分間の脈拍を数えた方がよい。また、脈拍が触れにくい場合は、血圧が下がっている可能性がある。脈拍数が100以上に増加する場合を「頻脈」、50以下に減少している場合を「徐脈」といい、医療機関で原因を精査しなくてはならない。

④体温の異常

・体温計で調べる

　体温は、脳の視床下部にある体温中枢の働きによって、35℃以上37℃未満くらいの範囲で一定に保たれている。「四肢・体幹・腋下」よりも「額・鼓膜」が高く、さらに「直腸・膀胱（深部体温）」の方が高く検温される特徴があり、測定する部分で温度の違いがあり、体表面ほど低く測定される。体内で代謝の結果として発生する熱や、放射や伝導といった物理的に失われたり加えられたりする熱、汗による気化熱で失われる熱など、産生と放散のバランスによって、体温は一定に保たれている。体温中枢の働きにより、寒いときには筋肉が震えて熱の産生を増加させ、皮膚の毛細血管を収縮させることで熱の放散を抑制して体温が低下し過ぎないように調節している。また、暑いときには、発汗や皮膚の毛細血管を拡張させたり、呼吸数を増加させたりして、熱を放散し体温が上昇し過ぎないように調節している。

　体温が上昇している場合には、感染症が原因であることが多く、熱中症や内分泌疾患などによることもある。また、体温が低下している場合を低体温症といい、水中や寒冷環境下に長時間いることを強いられるような場合に生じることがある。飲酒や睡眠剤の服用、あるいは脳卒中などにより意識障害をきたしたことが原因となり、寒冷環境下から自ら逃れることができずに体温が喪失されてしまうケースもあるが、高齢者では原因もなく低体温になるようなこともあるので注意が必要である。

⑤そのほか

・顔色、皮膚の色やその状態を調べる

　顔色がよく、普段と変わらない場合や皮膚の色や温度などに異常がない場合はよいが、チアノーゼ（唇、爪の色、顔色、皮膚の色が青黒くなる状態）や蒼白、または紅潮した（赤味を帯びた）状態でないかを観察する。

　チアノーゼの場合には、呼吸や心臓の動きに異常があり、血液中の酸素が不足していること

が考えられ、蒼白の場合には、血液循環が悪く、ショックや血圧の低下、心臓機能の低下などが原因と考えられる。また、紅潮している場合は、血圧が高い状態や、熱中症などが考えられる。

・手足を動かせるかを調べる

自分で手を握ることができるか、手足を動かせるか、また左右の手足で動きの違いはないかなどを、実際に動かしてもらい、動きを比較しながら調べる。

左右の手足のいずれかが動かせない場合、脳や神経、骨、筋・腱の損傷が考えられる。両手や両足が動かせない場合などは脊髄の損傷などが考えられる。片側のみ手足ともに動かせない場合は脳の損傷が考えられる。

＊

ここに記したような要点で施設利用者の観察を行うのだが、プール施設およびプール関連施設内で気分が悪くなった利用者や、急病や傷害を負った利用者の応急手当は、意識がある場合はできるだけ救護室および救護スペースにて行うことが望ましい。それは、少しでも不安を取り除き、安静が保たれるようにするためである。また、多くの利用者が見ている場所で傷病者が注目を浴びるようなことを避けるだけでなく、ほかの利用者への配慮も怠らないようにするためでもある。

ショック

「ショック」とは、全身への血液の循環が障害された状態のことを指し、生命の危険がある状態のひとつである。血液は本来、身体の各組織へ酸素供給する役割があるが、大出血や極度の脱水などで血液量が減少すると、身体の末梢組織へ血液が十分に行き届かなくなり、酸素供給もまた減少してしまう。そうなった際に、交感神経が心臓に働き、脈拍数をさらに増加させて、不足した血液量分の酸素運搬機能を代償しようとする。それでも全身への酸素供給が十分まかないきれない場合は、交感神経は末梢の動脈を収縮させて、脳や内臓など身体の大事な部分に優先的に血液を送ろうとする。そのために、四肢末梢の皮膚へは血液が循環せず、蒼白になり冷たくなる現象が生じる。また、交感神経は皮膚にある汗腺を刺激するために汗が分泌される。そのため、出血性ショックの際には、皮膚は、冷たく蒼白で湿っているといった徴候が認められる。

不整脈にはさまざまな種類があり、脈拍が規則的なリズムであっても極端に速いものもある。運動中やその直後は、生理的に脈拍は増加するが、運動していないのに「胸が痛い」「動悸がする」といった症状を訴えているときには不整脈の可能性がある。また、脈拍数が減少する場合（徐脈）には、不整脈、中枢神経障害、低体温などが考えられる。傷病者が中高年で「胸が痛い」と訴えているときに、脈拍数が毎分60回未満に減少している場合には、心筋梗塞が原因で不整脈が起きている可能性もある。昏睡状態で脈拍数が減少していれば、脳卒中や頭部外傷で脳幹部にダメージが及んでいる可能性がある。また、体温が極端に低い場合には徐脈になるといった徴候が認められる。

3 応急手当の現場での留意点

■1.感染症対策

応急手当を行う場合は、出血の有無にかかわらず、素手で行わず、ラテックス(ゴム)製またはプラスチック製のグローブを着用し、血液や体液などに直接触れることを避ける。また、ほかの利用者が素足で歩行する場所での手当は避け、プールサイドに血液などが付着した場合はすみやかに洗い流す。

なお、プール・ライフガード自身は平素からうがいや手洗いの励行を心がける。

■2.感電防止

施工上、プールの特殊性により施設の配線や関連の電気機器により感電することは通常は少ないはずである。しかし、ひとたび問題が生じれば、ビリビリとしびれを感じるだけではなく、感電死という最悪の事態を招く恐れがある*。さらには、感電して倒れている傷病者を救助しようとしてむやみに触れることで二次災害を起こす危険性もある（表9-3）。

◆表9-3　電流と身体の反応

1mA	：ピリッと感じる最少感知電流
5mA	：相当痛い。許容電流の最大値
10mA	：耐えられないほどのビリビリ感がくる。
20mA	：筋肉の収縮が激しくて、感電者自身で充電物から逃げられない。引き続き電流が流れると、死に至る（不随電流）。
50mA	：通電により心室細動を起こし、心拍停止の危険性あり（心室細動電流）。

((公社)日本電気技術者協会ホームページ掲載の表を基に作成)

感電事故を防止するうえで、感電の原因となりうる電気器具、機器、配線設備などの施設管理者による事前点検や、電気取扱業者などの専門家による定期的な安全点検は重要である。

通常業務として、頻繁に使用されるプール清掃用クリーナー（図9-2）、プールサイド用タイマー、脱水機など各種機器のコードの劣化や破損、あるいは延長コードの使用による接続部の漏電、防水・防滴不良などを念頭に入れた安全点検は不可欠である。また、普段から感電防止を心がけ、濡れた身体で電気系統には触らない。

もし、万が一感電事故が起きた場合は、まず配電盤のブレーカーを落としオフにする。そして、停電状態を確認し、事故者の救助と応急手当および119番通報などの冷静な判断と行動がとれるよう普段から心がける。

◆図9-2　プール清掃用クリーナー

---

*感電死という最悪の事態：低圧電路保護指針にもとづいて(公社)日本電気技術者協会では、(身体が濡れていない状態で)5mAを許容電流の最大値とし、10～20mAを持続する筋肉収縮により電線からの離脱限界としている。

4 プールや施設およびプール関連施設で起こりうる傷病とその手当

わが国の屋外プールは、プールの素材が硬質で、プールサイドがコンクリート造であるところが多いこともあり、素肌が露出している水着姿のままで転倒や接触があると衝撃を身体に直接受けてしまい、日常に起こる傷害に比べてダメージが大きくなる。特に、身体の部位別でみると、下肢への受傷が多く報告されている。

ここでは、プールや施設およびプール関連施設で起こりうる傷病を紹介するとともに、予防や応急手当について紹介する。

1.転倒による傷害

①骨折
強い外力により骨が折れた、または骨にひびが入った状態のこと。プールサイドで転倒したり、スロープや階段などを踏み外したり、プールサイドの縁に強打したりして起こる。

〈症状〉
腫れや変形、皮膚の色が赤くなったり紫色になったり、患部を触ると激痛やしびれがある。患部の上下の関節が痛くて動かせないこともある。

②打撲
転倒やつまずきなどで身体の一部を強打した状態のこと。皮膚の表面に傷がなくても内部に損傷を起こしていることがあるので注意が必要である。

〈症状〉
頭部や胸部、腹部の場合であれば、脳や内臓の損傷や内出血が起こり、痛み、貧血、意識障害など全身状態の悪化をきたすことがあり、注意が必要である。そのほかの部位では、腫れや痛み、内出血、皮膚の色が紫色になる。また、骨折を伴うこともある。

③捻挫
関節の周囲の靱帯が損傷した状態のこと。筋、腱、血管の損傷を伴うことがある。階段やステップを踏み外したり、バランスを崩して関節を捻ったりすることで生じることが多い。特に、足首や手首、指、膝などに起こることが多い。

〈症状〉
腫れや痛み、皮膚の変色、患部に触れると強い痛みなどがある。X線検査をしなければ骨折と見分けがつきにくく、骨折を伴っていることもある。

④脱臼
関節に強い力が加わり、靱帯が損傷し、関節を構成している骨と骨が正常な位置から逸脱（ずれて）しまった状態のこと。

〈症状〉
痛みが強く、外見にもあきらかな関節の変形が見られることが多い。脱臼したままの状態でいると、関節を動かせない。

〈①～④の傷病における手当の基本〉
骨折、打撲、捻挫、脱臼のいずれの状況であっても、筋腱や骨、関節の炎症による腫れを抑えて痛みを軽減させるためには受傷直後から72時間くらいまでは、共通してRICE処置（4つ

◆図9-3　RICEの生理的効果

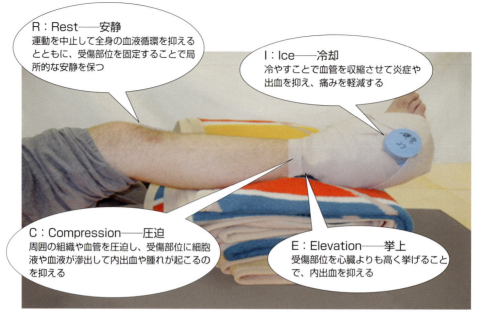

R：Rest——安静
運動を中止して全身の血液循環を抑えるとともに、受傷部位を固定することで局所的な安静を保つ

I：Ice——冷却
冷やすことで血管を収縮させて炎症や出血を抑え、痛みを軽減する

C：Compression——圧迫
周囲の組織や血管を圧迫し、受傷部位に細胞液や血液が滲出して内出血や腫れが起こるのを抑える

E：Elevation——挙上
受傷部位を心臓よりも高く挙げることで、内出血を抑える

の頭文字を合わせた基本的手当の方法、図9-3、表9-4）が有効である。

なお、あきらかに骨折や捻挫をしていたり、その疑いがあったりする場合には、副子(ふくし)を用いた適切な固定を行うことにより患部の不必要な動揺を避けることができる。しかし、必ずしも万能な治療法ではなく、あくまでも医療機関に行くまでの応急手当であることを忘れてはならない。

◆表9-4　RICE処置

Rest：安静
・運動を中断し、怪我をした部位を動かさないようにする
Ice：冷却（氷冷）
・氷水を用いてアイスパックを作り、患部全体を冷やす。
・血管を収縮させて炎症や出血を抑え、痛みを軽減させる
Compression：圧迫
・伸縮性の包帯などを用いて、患部や患部の周囲の組織や血管の圧迫を行う
・受傷部位に血液体液などが滲出し、腫れがひどくなるのを防ぐ
Elevation：挙上
・患部を高揚させ、腫れや出血を抑える。
※以上の4つのうち、複数の手当を行うことができれば、それを実行することで効果がある

RICE：安静から固定へ

　米国より1970年代後半に日本に紹介されてから現在まで、スポーツ現場を中心に定着した、筋・腱・骨、関節における総合的な応急手当のRICE処置。2010年代になって米国では"Rest""Immobilize(固定：動けないようにする)""Cold（冷却）""Elevate"として一般に普及されるようになった。

　基本的な考え方や手当が以前と大幅に変わった訳ではなく、"Immobilize"が加わることで、患部とその周囲に動揺を与えないことが重要となり、「それ以上悪化させない」という本来の応急手当の目的がより強調されたものと解釈される。

⑤ 擦り傷（擦過傷）

擦り傷とは、転倒などの際に皮膚の表面を床や地面などに擦ってできる傷のこと（図9-4）。傷の程度は深くないが、皮膚の表面が削られるので体液が多く出る。

〈症状〉

出血や痛みがあり、傷の範囲が広く、感染の危険性もある。

〈手当の基本〉

受傷後に水道水など流水を用いて傷口の異物がなくなるまで洗い流す。出血があれば、傷口に保護ガーゼを当て直接圧迫止血を行い、その後に包帯をする。

⑥ 鼻血（鼻出血）

鼻を打撲したり、指などを入れることで鼻孔の入口に近い、血管が集中している粘膜の部位（キーゼルバッハ部位）の細い血管を傷つけたり、血圧や気圧の変化がきっかけになったりして出血する。

〈手当の基本〉

椅子に座って軽く下を向き、鼻を強くつまむ（図9-5）。額から鼻の周囲を冷やし静かにする。ほとんどの鼻出血は3～5分ほど継続することで止血するが、10～15分経っても出血が続くような場合は、特に外傷のない状況でも内科的な基礎疾患があるなど、別の原因も考えられる。出血が止まらない場合はただちに医療機関で診療を受ける。また、繊維の細かいティッシュペーパーなどを詰めてはならない。

⑦ 足指の爪（趾爪）の傷害

プールおよびプール関連施設内では、利用者が素足で移動するところが多い。コンクリートやタイルなどの施設内の床面で、段差があるところなどでは、つまずいて足の爪をはがしてしまったりすることがある。

〈手当の基本〉

出血があれば、傷の手当を行う。爪がとれかかっても無理にはがそうとはせずに、保護ガーゼを当て包帯で覆い、医療機関での診療を受ける。

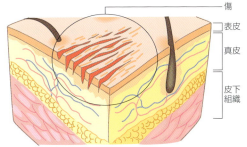

◆図9-4　擦過傷

傷／表皮／真皮／皮下組織

◆図9-5　鼻出血の手当

軽く下を向き、鼻を強くつまむ

2. そのほかの傷害

○こむらがえり（筋痙攣（けいれん））

ふくらはぎ（下腿の後面）などの筋肉が一時的に異常収縮し、縮んだままになり、痛みを伴う状態のこと。

〈症状〉

強い痛みとともに、筋肉が引きつった状態が続く。長時間運動をしたときや疲労の激しいとき、運動不足の人が急に泳いだり走ったりして準備運動が不足しているときなどに起こる。大量の発汗による体内の水分の不足や、体内の電解質の不足も一因となる。主にふくらはぎに起こるが、足の指や大腿部の後ろ、腹部に起こることもある。

〈手当の基本〉

自分自身で手当ができる場合は、つま先を手前にひきつけるように引っ張り、ふくらはぎの筋肉およびアキレス腱を持続的に伸ばすようにストレッチングを行うとよい。水中の深いところで起こったときは、焦らずに浮身をとり、落ち着いてから水中で足のつま先をつかんでゆっくりと伸ばす。

傷病者に対して行う場合は、発症部位の足側から踵をしっかりと手のひら全体でつかみ、もう片方の手で傷病者の足裏をすね側の方向に押して、つま先を傷病者の方に向けるようにして、ゆっくりとふくらはぎの筋肉を伸ばす。できるだけ膝は伸ばした状態にして行う（図9-6）。

〈留意点〉

痛みが残るような場合は、発症部位を冷やすとよい。また、水中で起こると溺水の原因となることもあるので注意が必要である。なお、こむらがえりを予防するために次の3つの点に気をつけるとよい。

・十分な準備運動を行うこと
・疲労時は無理をしないこと
・水分やミネラル成分の補給をすること

3. 起こりやすい急病

①熱中症

直射日光下の屋外プールや、風通しの悪い屋内プールといった、高温多湿の環境に長くいることで、体内の水分や塩分のバランスが崩れ、体温中枢が正常に働かなくなり、体内に熱がこもった状態のこと。

体温中枢は、高温多湿な環境に対応して体温を上昇させずに一定の範囲にコントロールしようとする。しかし、高温環境下での吸収熱や運動による熱の産生が、熱の放散を超えると体温が上昇し過ぎて体温調整機能そのものが破綻し、痙攣（けいれん）を起こす。ひどくなると意識がなくなるだけではなく生命の危機に陥ることがある。熱失神、日射病、熱痙攣、熱疲労、熱射病を総称して熱中症という。

1）熱失神、日射病

高温環境や炎天下で一過性に意識を消失する状態である。皮膚や筋肉などの血管が拡張することにより血液量が変わり（シフトし）、中枢

◆図9-6　こむらがえりの手当

つま先を傷病者に向けるようにしてゆっくりとふくらはぎを伸ばす

神経系などへの血液が相対的に不足するため、失神、低血圧となる。"立ちくらみ"もこれにあたるが、体温は上昇しない。夏期の屋外プール施設などでは特に注意が必要である。

2）熱痙攣

多量に汗をかいたときに塩分を含まない水のみを補給していると、体液中の電解質バランスが崩れ、筋肉に有痛性の痙攣（全身痙攣ではなく）が起こり、さらに吐き気や腹痛を伴う。"筋肉のこむらがえり"がこれにあたり、体温の上昇があってもわずかである。

3）熱疲労

体温調節のコントロールが追いつかなくなっていき、大量の発汗や全身倦怠感、頭重感、嘔吐などが認められるようになる。

4）熱射病

体温の上昇により体温調節機能が破綻し、異常高体温となり、発汗も停止して意識障害などを起こす。深部体温が40℃を超えると、中枢神経系をはじめ、肝臓、腎臓、血液、呼吸器、循環器などに障害が出現し始める。熱射病の死亡率も20～70％といわれている。

屋内プール関連施設の採暖室やサウナ室を利用する際は、これらを長時間利用することは熱射病の危険を伴うことを忘れてはならない。通常は、利用者の自己管理となっているケースが多いため、定期的な施設内の循環パトロールを行い、体調の悪そうな人や長時間の利用者には室外への移動を促す必要がある。

◆図9-7　熱中症予防運動指針

WBGT ℃	湿球温度 ℃	乾球温度 ℃		
31	27	35	運動は原則中止	WBGT31℃以上では、特別の場合以外は運動を中止する。特に子どもの場合には中止すべき。
28	24	31	厳重警戒（激しい運動は中止）	WBGT28℃以上では、熱中症の危険性が高いので、激しい運動や持久走など体温が上昇しやすい運動は避ける。運動する場合には、頻繁に休息をとり、水分・塩分の補給を行う。体力の低い人、暑さに慣れていない人は運動中止。
25	21	28	警戒（積極的に休息）	WBGT25℃以上では、熱中症の危険が増すので、積極的に休息をとり、適宜水分・塩分を補給する。激しい運動では、30分おきくらいに休息をとる。
21	18	24	注意（積極的に水分補給）	WBGT21℃以上では、熱中症による死亡事故が発生する可能性がある。熱中症の徴候に注意するとともに、運動の合間に積極的に水分・塩分を補給する。
			ほぼ安全（適宜水分補給）	WBGT21℃未満では、通常は熱中症の危険は小さいが、適宜水分・塩分の補給は必要である。市民マラソンなどではこの条件でも熱中症が発生するので注意。

[熱中症の重症度分類]

上記の日射病、熱疲労、熱射病といった名称は以前より使用されているが、最近では次の3段階に分類されている。
- Ⅰ度：めまい、失神、筋肉の痛み、筋肉の硬直、大量の汗
- Ⅱ度：頭痛、不快感、吐き気、倦怠感、虚脱感
- Ⅲ度：意識障害、痙攣、手足の運動障害、体温の上昇

〈手当の基本〉

風通しのよい涼しいところに移動させる。体位は水平位もしくは上半身を高くして寝かせる。また、顔色が蒼白で脈が弱いときには足を高くした体位にするとよい。傷病者の意識があり、吐き気や嘔吐がない場合には、塩分を含んだ水分（スポーツドリンクなど）を摂らせてもよい。意識障害を認めた場合は回復体位をとらせ、体温が高いときには、全身を水で濡らし、風を送って体温を下げる。同時に一刻も早く医療機関へ搬送する。

〈予防〉

熱中症は、予防が大切である。屋内であれば施設内の通気をよくし、室温、湿度の環境調整を行う。また、屋外施設では日除けとなる場所や休憩施設を整え、利用者への配慮を怠ってはならない。そして、利用者にはこまめな水分補給を促し、場内アナウンスなどで当日の気象と施設内環境の状況によって注意喚起を呼びかけるとよい。

「熱中症予防運動指針」（日本体育協会、2013、図9-7）を参考にするとよい。

4.注意の必要な感染症など

急病ではないものの、次のような感染症には注意が必要である。プール利用の前に少しでも感染が疑われる場合は、プール利用を避けることが大切である。このことにより、感染の拡大を防ぐことができる。

①咽頭結膜熱（プール熱）

プールを利用する子どもの間で流行する夏風邪の一種のこと。未就学児や学童に多く見られる。アデノウイルスが原因で感染力が強く、感染している子どもの目やに、唾液、便などが感染源で、プール水を介して感染することがある。

〈症状〉

感染すると39～40℃の高熱が3～5日続き、喉の痛みや食欲の減退、目の充血を起こし、脱水症状となることもある。学校保健法で第二種伝染病に指定されており、感染が確認された時点で児童・生徒は2日間の出席停止となる。子どもに多く発症が見られるが、看病している大人に感染してしまうこともある。

〈手当の基本〉

少しでも感染が疑われたら、速やかな医療機関での診療が必要となる。眼症状（結膜炎など）が強い場合には、眼科的治療が必要となる。喉の痛みや食欲の減退によって、脱水症状に陥らないように水分補給や栄養補給が必要となる。

〈予防〉

風邪対策と同様に、手洗いやうがいが有効で、プールに入る前のシャワー、利用後の洗浄をしっかりと行うことが予防となる。

②流行性角結膜炎（はやり目）

プール熱と同様に、風邪の原因ウイルスの一種であるアデノウイルスの感染によって起こる結膜炎である。結膜だけではなく、角膜に炎症

が広がることもある。主に手を介した接触で感染する。

〈症状〉
　目の充血、目やに、流涙となることや、まぶたが腫れることもある。片目に発症してから4〜5日後に反対側の目にも発症する場合が多い。角膜に点状の小さな混濁が生じ、痛みを感じることや視力障害を感じることもある。
　咽頭結膜熱とともに目が充血している場合は、この疾患にかかっているおそれがあるので、しばらくプールの利用を避けるようにする。

〈手当の基本〉
　少しでも感染が疑われたら、速やかな医療機関での診療が必要となる。医師により処方された抗炎症剤があれば点眼を行う。

〈予防〉
　眼の分泌物の取り扱いと処分に注意し、手洗い、消毒など感染防止に十分な配慮をする。点眼薬などがウイルスで汚染されないようにし、汚染が考えられる器具類はアルコールなどで消毒する。予防の基本は接触感染を避けることである。

③白癬菌（水虫）
　皮膚の角質内で発症するカビ（真菌）の一種である。この菌は、高温多湿の環境で繁殖しやすい。
　足に感染する「足白癬」と、爪にできる「爪白癬」があり、手に症状が出ることもあり、一般的に"水虫"と言われているものである。プールおよびプール関連施設においては、プールサイドやシャワー室、更衣室など不特定多数の人が素足で利用することが多いため感染しやすい。特に、足拭きマットやスリッパなど、共同で使用するものは菌の温床となり、感染の危険性が高い。一度感染すると、何もしないで自然治癒することは少ないため、医療機関（皮膚科など）での診療が必要である。

〈症状〉
　皮膚が赤く腫れたり、ただれたり、かゆみが生じたりする。水泡ができる。指と指の間の皮膚がむけるなど。

〈手当の基本〉
　少しでも感染が疑われたら、速やかな医療機関での診療が必要となる。皮膚の角質に感染した白癬菌は、抗真菌作用を有する塗り薬を塗布すれば症状は改善する。しかし、角質がかなり厚くなっている角質増殖型と呼ばれる病型や、白癬菌が髪の毛や爪に感染している場合もあり、医師の指示に従うことが重要である。
　体部白癬や股部白癬（いんきん、たむしなど）は塗り薬による治療を2週間程度継続すれば症状の改善が見込めるが、足白癬では、自覚症状がない部分も含め、指の間から足の裏全体に最低4週間以上治療を継続しないと根治しない。

〈予防〉
　足拭きマットやスリッパなどに接触した場合は、水気を拭き取り、十分足を乾かしてから、靴下、靴を履くようにする。

5.そのほか

○日焼け

　「日焼け」とは、太陽光線に含まれる紫外線が原因となる「熱傷」のこと。屋外のプール施設だけではなく、太陽光線の入る屋内プールでも起こる。
　「身体の表面の10％以上の熱傷」は重症で、熱中症と同様、決して侮ってはならない。頸の後ろや肩、耳、鼻、頭皮、足の甲などの露出部分は特にひどくなりやすく、太陽から同じ向きで長時間紫外線を浴びると、部分的にひどい日焼けを起こすことがある。さらに、日焼けの原因となる紫外線が皮膚がんを誘発させることがあり、その中でも"メラノーマ"という皮膚がん

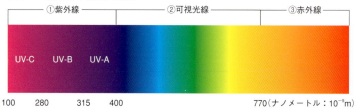
◆図9-8　太陽光の種類と波長

については、2012年国際ライフセービング連盟総会でもトピックとして取り上げられた。利用者だけの問題ではなく、特に、長時間太陽光線を浴びるプール・ライフガードを含むライフセーバーにとって深刻な問題とされ、日焼け予防への取り組みが重要であることが提言された。

[日焼けのメカニズム]

夏の炎天下はもちろんだが、日差しが強く感じられるときだけではなく、曇っていても紫外線は地表に到達する。決して晴れている日だけ注意すればよいという訳ではない。

日焼けの原因となる紫外線は、主にUVAとUVBの2つがある。UVAは皮膚内にメラニンという色素を作り、皮膚が浅黒く変色するのはこのメラニンの影響で起こる。メラニン色素は皮膚（肌）の細胞を紫外線から守るために作られるが、皮膚の深い部分に到達し、シワやタルミの原因となる。UVBは皮膚の深くまで達すると毛細血管が炎症を起こし、皮膚が赤くなった状態になる。メラニン色素の防御作用の限界を超えてしまうと細胞組織が損傷して、発熱や水泡、痛み（皮膚の炎症）を発生させる（図9-8）。

〈症状〉

日焼けは、Ⅰ度〜Ⅱ度の熱傷と表される。数時間で皮膚が赤く腫れ、かゆみ、発疹などが起こるケースもある。半日ほどで痛み、数日後には皮膚のはがれ（皮がむけること）が起こる。全身の症状では、吐き気、発熱、身体の衰弱などが起こることがある。

・Ⅰ度……ヒリヒリと痛みがあり、皮膚の表面は赤くなり、熱感がある
・Ⅱ度……熱感と痛みが強く、ひどくなると皮膚に水泡ができる

〈手当の基本〉

日焼けをしてしまったら、次のように手当を行う。

・涼しい風通しのよい日陰で安静にする
・濡らしたタオルや氷水を入れたアイシングバッグ（氷嚢）などで日焼けした部位全体を冷やす

メラノーマとは

メラノーマとは「悪性黒色腫」という、非常に悪性な皮膚がんの病名である。一般的には「ほくろがん」「ほくろのような皮膚がん」などと理解されている。医学的には皮膚の色に関係なくメラニン色素を作る色素細胞（メラノサイト）ががん化した腫瘍と考えられている。ほくろは5mm以下のものがほとんどで、それ以上の大きさで徐々に大きくなってくるものは、メラノーマの可能性があり、要注意である。

- 冷たいシャワーを浴びたり、水風呂に浸かったりする
- 皮膚（肌）に強い刺激を与えないよう注意する
- 水分を十分に摂る
- 発熱や水泡ができた場合や衰弱がひどい場合などには必ず医療機関（皮膚科）を受診させる

〈留意点〉

日焼けをしてしまったら、次のことに注意をする。

- 熱い風呂やシャワーを浴びない
- アルコール飲料を摂らない
- 痛みがとれるまで、できるだけ日焼けをしないようにする
- 痛みが強い場合や水泡ができた場合は、必ず医療機関を受診する
- 体表面積の広範囲に及ぶことが多いので、全身の状態にも注意する
- 水泡ができた場合は、水泡をつぶさない
- 水泡がつぶれてしまった場合には感染症に注意し、傷の手当を行う

〈予防〉

日焼けは、予防が大切である。次のような予防を心がける。

- 暑い日は、屋外で長時間過ごさない
- 帽子をかぶり、涼しい服装で過ごす
- 長袖のシャツなど（できればUVカット素材）を着用し、肌の露出を避ける
- あらかじめ十分な水分を摂り、こまめな水分補給を心がける
- 長時間の水泳、遊泳、日光浴は行わない
- 皮膚（肌）の露出しているところにあらかじめ日焼け止めクリームを塗る

5　傷病者についての情報のまとめ方

1.応急手当をした際に確認する内容

プール・ライフガードは、応急手当を行う際、次のような事柄を傷病者、あるいは付き添いの人から確認する。

1）傷病者のプロフィール

氏名、年齢、生年月日、連絡先（住所、電話番号）。

2）傷病者の訴えや症状

具体的な症状。たとえば「水を飲んだ」「呼吸が苦しい」「腹が痛い」「鼻血が出た」などの訴え。

3）経過

「いつから」、あるいは「いつ」、外傷のときは「どのような状況」で受傷したかを確認する。

たとえば、「13時頃、ひとつ前を泳ぐ人の平泳ぎのキックが顔に当たり、目が腫れてきた」といったもの。

4）傷病者の現在の状態

意識、呼吸、脈拍、体温、全身の様子、外傷ならば受傷部位、出血の有無や部位。

5）既往歴

6）薬のアレルギー

7）応急手当の内容と行った時刻

8）付き添いの人との間柄、家族への連絡の有無

9）個人情報の取り扱いに対する注意

◆図9-9　ファーストエイド・レポート

FIRST AID REPORT

No.

※FA レポートは被救助者 1 名ごとに記入してください

施設名＿＿＿＿＿＿＿＿　報告者＿＿＿＿＿＿＿＿

（西暦）＿＿＿＿年＿＿＿月＿＿＿日（　　　）　24 時間表記＿＿＿時＿＿＿分頃

◆被救助者

性別	□男性　□女性　｜　年齢　｜　歳
傷害名	□擦過傷　□切創　□裂創　□刺創　□挫創　□打撲　□捻挫　□骨折 □肉離れ　□脱臼　□やけど　□熱中症　□痙れん　□鼻出血　□眼に異物 □歯の損傷　□過呼吸　□低体温症　□頚髄・頚椎損傷　□心臓発作　□脳卒中 □ショック　□こむらがえり　□じんましん　□とげ　□日焼け　□爪はがれ □その他（　　　　）
部位	□頭　□顔　□耳　□首　□胸部　□腹部　□背中　□腰部　□臀部 □肩　□上腕　□肘　□前腕　□手首　□手（指等含む） □大腿　□膝　□下腿　□足首　□足（指等含む）　□その他（　　　　）
部位の図	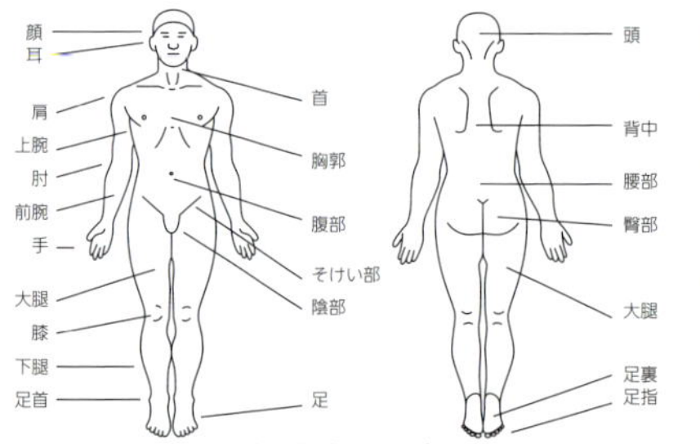 ※図の傷害部位に○をつけてください。
発生場所	□水中　□プールサイド　□更衣室　□シャワー　□その他＿＿＿＿
手当の内容（複数可）	□洗浄　□消毒　□止血　□保護包帯　□保護ガーゼ　□絆創膏　□冷却　□圧迫 □副子固定　□湿布　□挙上　□保温　□その他＿＿＿＿
特記事項（原因など）	

2.情報をまとめる意義

プールおよびプール関連施設において傷病者への応急手当の情報を記入するフォームを用意する必要がある。

図9-9に示した「ファーストエイド・レポート」などを用いて記録することで、怪我や急病などの情報共有に有効である。また、統一されたフォームによる情報集約は、プールで発生するファーストエイドの傾向を把握することができるため、事故防止に役立つだけではなく、プールに必要な資器材の配備にも大いに役立つことになる。

第10章

プール・ライフガードによる一次救命処置

- 1……プール・ライフガードによる一次救命処置
- 2……呼吸・循環のしくみ
- 3……心肺蘇生の理論
- 4……一次救命処置の実際
- 5……吐物への対応
- 6……気道異物除去
- 7……アドバンス・プール・ライフガードによる一次救命処置
- 8……小児・乳児の一次救命処置

I　プール・ライフガードによる一次救命処置

■ 1. 1秒でも早く一次救命処置を行う意味

　一次救命処置(Basic Life Support：BLS)とは、「命」を失おうとしている人に対して救急車が到着するまでの間に行う、胸骨圧迫と人工呼吸による心肺蘇生(Cardiopulmonary Resuscitation：CPR)とAEDによる救命処置である。

　図10-1のグラフは、横軸に心臓と呼吸が止まってからの時間経過（分）、縦軸に救命の可能性（％）が示されている。救急車が到着するまでの間、何もなされなかった場合（図中の破線部分）は救命の可能性が急激に低下するが、居合わせた市民が救命処置を行うと救命の可能性が高まる（図中の実線部分）ことが示されている。また、居合わせた人が救命処置を行う時間が早ければ早いほど救命の可能性が高くなることも示されており、市民による積極的なアプローチが期待されている。

　さらに、このグラフからは、心肺停止から3～4分経過すると、急激に救命の可能性が下がり始めることが読みとれる。このタイミングが、傷病者の生死を分ける重要なポイントになると考えられる。

　ところが、2014(平成26)年中のわが国では、救急車を要請してから救急車が現場に到着するまで平均8.6分を要するという(総務省消防庁「平成27年版　救急・救助の現況」)。この現実を先ほどのグラフに当てはめて考えてみると、救急車が到着するまでの間に何もしないでいると、救命の可能性は10％にも満たないことが理解できる。少しでも多くの人を救命するには、もはや救急車の到着を待ってはいられない。

　プール・ライフガードにとって最悪な水の事故は、溺水による窒息状態であることが多い。目の前で心停止が疑われる傷病者、または溺水により水中で意識を失っている人を発見したら、119番通報とともに、プール・ライフガードによる適切な救助を行い、プールサイドですぐに適切なCPRとAEDの装着が行われなければならない。

◆図10-1　救命の可能性と時間経過

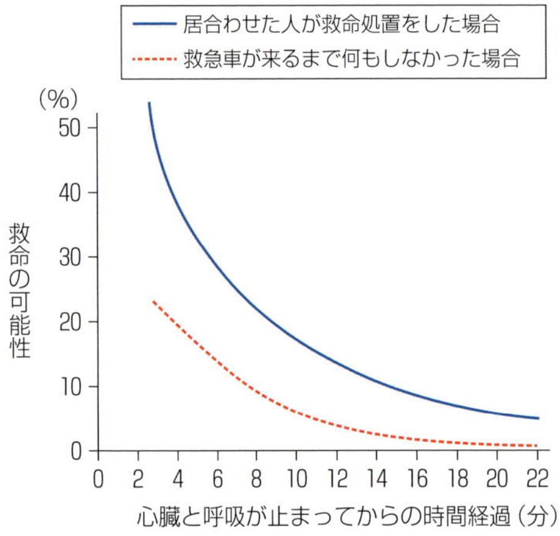

救命の可能性は時間とともに低下するが、救急隊の到着までの短時間であっても救命処置をすることで高くなる
(「改訂5版 救急蘇生法の指針2015(市民用)」から引用；Holmberg M：Effect of bystandar cardiopulmonary resuscitation in out-of-hospital cardiac arrest patients in Sweden. Resuscitation 2000, 47(1)：59-70より引用・改変)

2. 救命の連鎖

現在、国内の蘇生に関する指針（ガイドライン）は、2015年に国際蘇生連絡委員会（International Liaison Committee on Resuscitation：ILCOR）から発表された「心肺蘇生に関わる科学的根拠と治療勧告コンセンサス（CoSTR）2015」を受けて、日本蘇生協議会（JRC）により発表された「JRC蘇生ガイドライン2015」となっている。「ガイドライン2010」からの改訂により、いくつかの変更が生じているが、心停止となった傷病者を救命するために重要な「救命の連鎖（chain of survival）」（図10-2）については継続した概念が受け継がれている。

その概念は、
1）心停止の予防
2）心停止の早期認識と通報
3）BLSまたはPBLS（心肺蘇生とAED）
4）二次救命処置と心拍再開後の集中治療

の4つが示されている。

「心停止の予防」は、心停止や呼吸停止となる可能性のある傷病や不慮の事故を未然に防ぐことである。たとえば、小児では交通事故、溺水や窒息等による不慮の事故を防ぐこと、成人では急性冠症候群（狭心症や心筋梗塞等）や脳卒中発症時の初期症状の気づきが重要となる。わが国では高齢者の窒息、入浴中の事故、熱中症等も重要な原因であり、これらを予防することも重要である。また心臓振盪（しんとう）を含む運動中の突然死予防も望まれる。

「心停止の早期認識と通報」は、突然倒れた人や反応のない人を見たら心停止を疑い、その可能性を認識したら大声で叫んで応援を呼び119番通報を行い、AEDと救急隊が少しでも早く到着できるようにすることである。また、119番通報を受けた通信司令員により、適切なアドバイスを受けることができる。

「一次救命処置（BLS＝Basic Life Support）」は、胸骨圧迫と人工呼吸による心肺蘇生とAEDによる処置のことであり誰もがすぐに行える処置であるが、心停止傷病者の社会復帰においては大きな役割を果たすものである。

「二次救命処置（ALS＝Advanced Life Support）と心拍再開後の集中治療」は、BLSのみでは心拍が再開しない傷病者を薬剤や医療機器を用いて行い、必要に応じて医療機関で集中治療を行うことで社会復帰の可能性を高めることである。

◆図10-2　救命の連鎖

心停止の予防　　心停止の早期認識と通報　　一次救命処置（心肺蘇生とAED）　　二次救命処置と心拍再開後の集中治療

これは急変した傷病者を救命し、社会復帰させるために必要となる一連の行いをイラスト化したものである。4つの輪がすばやくつながると救命効果が高まる。左から3つめまでは現場に居合わせた一般市民により行われることが期待されている

2 呼吸・循環のしくみ

■1.細胞が生きるために

人間を構成している細胞は、60兆個といわれている。それぞれの細胞は生きており、細胞が集まってできた臓器（脳、心臓、腎臓、肝臓など）もまた生きている。そして、臓器の集合体である人間は生きている。

細胞が生きていくには、エネルギーが必要である。そのエネルギーとは、ATP（Adenosine Triphosphate：アデノシン3リン酸）という物質で、ミトコンドリアという細胞内の器官で作られる。このATPを産生するには"エネルギー源"が必要で、そのエネルギー源となるものがグルコース（糖：$C_6H_{12}O_6$）である。グルコースからATPを産生する際には酸素が必要で、酸素があると効率よくATPを生成することができる。そして、ATPが産生されるとき、いわゆる"産業廃棄物"として、二酸化炭素と水ができる。空気中の酸素を吸って、二酸化炭素を吐き出すという"呼吸"は、このATPを作るために必要な酸素を取り込み、その際にできた二酸化炭素を捨てるという、いわば細胞レベルでの"呼吸"にほかならない。こうしてできたATPを使って、細胞はもちろん、臓器、そして人間は生きているのである。

このATPを生成するのに必要な酸素と糖を全身の細胞に運搬するのが、血液である。酸素は空気中から肺によって体内に取り込まれ、糖は食物から消化管によって体内に取り込まれ、それぞれ血液によって全身の細胞へ運搬される。

■2.血液の成分と役割

成人の身体には、体重のほぼ8％の血液量がある（たとえば、体重70kgの成人男性の血液量は約5,600mlになる）。この血液は、心臓の拍動によって動脈を通り、身体のすみずみまで送り出され、静脈を通って心臓に戻る。そして、身体中の細胞に必要なもの（酸素や栄養など）を送り、不要なもの（二酸化炭素など）を運び出す。この血液を試験管に入れて遠心分離器にかけると、固形成分と液体成分とに分離される。

固形成分には、赤血球、白血球、血小板といった細胞が含まれている。赤血球はヘモグロビンを含み、酸素や二酸化炭素などを運搬する。白血球は、顆粒球、リンパ球などの種類があり、免疫をつかさどっている。そして、血小板は外傷で出血したときに、止血する役割を担っている。これらの血球成分は骨髄で作られる（造血）が、それぞれ寿命がある。赤血球は120日間と長いが、白血球は種類によって異なり、顆粒球では数日と短く、血小板は約1週間の寿命といわれている。

ATPの構造とエネルギー

ATP（アデノシン3リン酸）は、アデニン、リボース、3つのリン酸から成り立っている。この3つのリン酸が加水分解されて、リン酸が1つ離れるときに、大きなエネルギーを放出し筋収縮、細胞内外の物質の輸送、多くの化合物の合成などのいろいろな過程に必要なエネルギーを供給する。

ATP（アデノシン3リン酸）＋H_2O
→ ADP（アデノシン2リン酸）＋リン酸＋7.3kcal

3.呼吸のしくみ

人間は、生きていくうえで必要なエネルギーであるATPを作るために必要な酸素を、呼吸によって体内に取り込んでいる。鼻や口から空気を吸い、吸った空気は咽頭（口の奥）、喉頭（さらに奥の喉ぼとけのあたり）を通って、気管に入る。気管は左右に分かれて気管支となり、さらに枝分かれを繰り返し、最終的に23回分岐して小さな丸い部屋のような肺胞と呼ばれるスペースで終わる。この肺胞の表面には毛細血管がまとわりつくように分布している（図10-3）。空気はこの肺胞にたどり着き、空気中の約20%の酸素は、肺胞の壁を通り抜け、さらに毛細血管の壁を通過して、毛細血管の中をめぐってきた赤血球に渡される。

このとき、赤血球の中のヘモグロビンと呼ばれる部分が、酸素と結合する。赤血球は血液の流れに乗って全身の細胞に酸素を供給する。このヘモグロビンはATPを作るのに必要な酸素と結合するだけでなく、ATPを産生した際にできた二酸化炭素とも結合する。赤血球中のヘモグロビンは全身の細胞から二酸化炭素を回収した後、肺に戻ってくる。そして、二酸化炭素は肺胞内へ放出され、かわりにヘモグロビンは再び酸素と結合して、再び体内のさまざまな組織へ再び循環していくことになる。これをガス交換という（図10-4）。

ヘモグロビンは酸素と結合すると、真っ赤な色になる（酸化ヘモグロビン）。また二酸化炭素と結合すると、青紫がかった、赤がくすんだような色になる（還元ヘモグロビン）。たとえば、

◆図10-4　ガス交換の現場

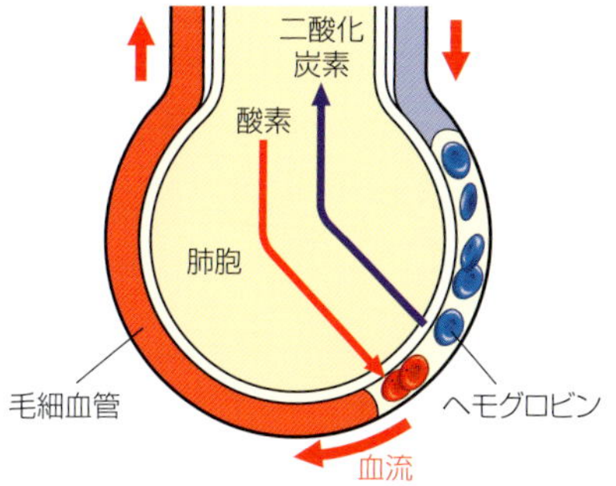

肺胞には毛細血管がまとわりついている。肺胞と血液との間で、酸素や二酸化炭素が移動する
（高橋長雄 監修「からだの地図帳」p.37、1989をもとに作図）

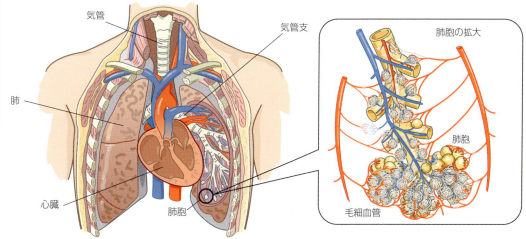

◆図10-3　気管支・肺胞の構造

（「ネッター解剖学アトラス」南光堂、［図194、200、201］をもとに作図）
空気は肺胞、さらに毛細血管の壁を通過して、血液中の赤血球に渡される

喘息や肺炎などといった呼吸器の病気で、酸素を十分に体内に取り込めない場合、酸化されるヘモグロビンは少なくなり、相対的に還元ヘモグロビンの割合が多くなる。このとき、口唇や爪など、毛細血管の色を透見できるような部位の色調が青っぽく見えることを「チアノーゼ」という。チアノーゼはすなわち、酸素不足で危険な状態なのである。

4.循環のしくみ

ATP生成の素材であるグルコースと酸素を運搬する血液は、全身に張りめぐらされた血管の中を循環している。この血液の循環は心臓によって作り出されている。心臓は収縮と弛緩を繰り返して、毎分約5ℓの血液を絶えず全身に送り出している。1分間に心臓が送り出す血液の量を「心拍出量」という。

心臓の壁は心筋という筋肉からできている。心筋が「ギュ、ギュ」と収縮・弛緩を繰り返すことによって心臓は拍動し、その拍動によって血液が送り出されるのである。この一連の心筋の運動は、心臓のあちこちが勝手に運動しているのではなく、心臓全体で調和してリズムよく行われている。このリズミカルな、コーディネートされた収縮と弛緩を繰り返して、1分間に5ℓの血液を送り出している。また、心臓から送り出された血液は、全身に均等に分配されている訳ではない。盛んに活動し、エネルギーを多く消費するところには、その分だけ多くの血液が供給されるように調整されている。

もし、この心臓の拍動がなんらかの原因で止まってしまうと、血液の循環が停止し、全身の細胞に血液が届かなくなる。つまり、ATP産生に必要なエネルギー源の供給が絶たれることを意味する。細胞がエネルギー源である糖を貯蔵している場合もあるが、酸素を貯蔵していることはない。そのため酸素の供給が絶たれると、ATPの生成もほとんど停止してしまう。ATPを生成できなくなった細胞は、すでに作られてあったATPを消費するしかなく、新たに生成しないかぎりATPはすぐに消費し尽くされる。ATPが枯渇した後には細胞は生きることができなくなり、死を迎えることになる。

3 心肺蘇生の理論

■1.心肺蘇生の重要性

　人間の臓器の中で、多くのエネルギーを消費し、たくさんの血液を供給される臓器はどこであろうか。

　――それは、脳である。

　脳の重量は1.4kgほどであり、体重60kgの成人では、その体重の約2.3％に相当する。一方、脳へ供給される血液は、心拍出量の15％を占めている。つまり、脳はその大きさが占める割合以上の血液の供給を受けているといえるだろう。

　脳は、意識活動の源である。この意識活動は、人間がほかの動物ともっとも異なる点で、脳があるゆえに人間は考えることができる。もちろん知覚や運動など、さまざまな働きの中枢でもある。この脳の活動には、莫大なATPを必要とする。それゆえ、ひとたび心停止が発生してエネルギー源の供給（特に酸素）が途絶えると、脳はATPを消費し尽くしてしまう。脳のATPは心停止後、約4分でゼロになるといわれている。

　心臓が停止し、全身にエネルギー源の供給が停止したときに、人工呼吸により体内に酸素を取り込ませ、胸骨を圧迫して行う胸骨圧迫により、全身へ、そしてとりわけ脳へ、酸素を含んだ血液を届けること、それが心肺蘇生（CPR）の本質である。

■2.胸骨圧迫の重要性〜心拍再開のために〜

① 〈C→A→B〉という順序

　ILCORから発表された「CoSTR2015」では、胸骨圧迫の重要性が強調されている。すべての救助者は訓練の有無にかかわらず、心停止の傷病者に対し、質の高い胸骨圧迫をすることが重要である。CPRの手順についても、まずは胸骨圧迫（C/Circulation：循環）を行い、その後、気道確保（A/Airway：気道）をして人工呼吸（B/Breathing：呼吸）を行うというように、〈C⇒A⇒B〉の順序で実施することになる。

　一方で溺者に対してCPRを実施する場合は、いち早く人工呼吸を実施し、溺者の体内に酸素を供給することが救命するうえで重要である。

②質のよい、有効な胸骨圧迫を行うポイント

1）胸骨圧迫は1回1回を正確に行う

　少なくとも前胸部が約5cm沈むように圧迫し、1回ごとに圧迫をしっかり解除し、沈んだ前胸部が元の位置に戻るように（recoil）することである。また、6cmを超えた胸骨圧迫は外傷発生率を高めるという報告があるため、過度の強さによる胸骨圧迫を避ける正確さも必要になってくる。

2）胸骨圧迫の中断を極力しない

　胸骨圧迫を続けることにより、（収縮期）血圧が次第に上昇し、血液が血管系の中を次第に循環するようになる。胸骨圧迫の最初の数回は、静止していた血液が流れ始める"助走"のようなものであり、胸骨圧迫によって血液の流れ（循環）が一定の状態となるまでには、数回の胸骨圧迫を要する。しかし、人工呼吸が必要な状況でひとたび胸骨圧迫が中断されると、血液の循環はすぐ静止してしまう。中断後に胸骨圧迫を再開しても、血圧や血液の循環については最初から出直しとなる。循環動態からいえば、絶え間ない胸骨圧迫が理想であると考えられる。

動物実験では、胸骨圧迫の中断時間が長くなるほど蘇生率が悪化することが証明されている。

実際の活動では、CPRを施行している間に、人工呼吸のみならず、傷病者の移動、AEDのパッド装着、AEDによる心電図解析など、胸骨圧迫の中断を余儀なくされることが少なからずある。しかし、やむをえない場合を除き、胸骨圧迫の中断は極力避けなければならない。

3）1分間あたり100〜120回のテンポで行う

毎分100〜120回というテンポは、いろいろなテンポと比較したうえで、心臓から送り出される血液量などを調べた結果、もっとも循環動態が理想的になることから設定された。

それでも胸骨圧迫時の心拍出量は、正常時の30〜40％ほどしかない。また、120回／分を超えると胸骨圧迫の深さが浅くなったり、転帰（経過および結果）が悪化したりするため、具体的な上限が設けられた。心臓の拍動を再開させる、すなわち心拍再開(Return of Spontaneous Circulation：ROSC)のためには、胸骨圧迫の部位、テンポ、深さが厳格なまでに適切に維持されて行われることが重要である。

③CPRで心臓が動き始める理由

心臓の細胞の活動にもATPが必要である。心停止になると全身への血流が途絶えるが、心臓への血流も途絶える。そして人工呼吸と胸骨圧迫によって、脳をはじめとする全身の臓器へ酸素を含む血液が再び供給されると同時に、心臓を取り囲むように走り、心臓を栄養している（酸素や栄養を送り届けている）冠動脈にも、再び酸素を含んだ血液が流れ始める。このことを契機として心臓の細胞は再び活動を取り戻し、拍動が再開する。

この冠動脈に血液を押し流す力を冠動脈還流圧（Coronary Perfusion Pressure：CPP）という。CPPは冠動脈の入口で冠動脈に血液を押し込む力（大動脈拡張期圧）と冠静脈の出口、すなわち右心房で出口を抑える力（右心房圧）の差によって決定される。

すなわち、

「CPP ＝ 大動脈拡張期圧 － 右心房圧」

となる。正常では、大動脈拡張期圧は80 mmHg、右心房圧は5 mmHgほどである。このとき、CPPは75 mmHgくらいになる。

心停止時には大動脈拡張期圧と右心房圧の間に差がなくなるため、冠動脈に血液は流れない。胸骨圧迫を開始すると、両者の間に少しずつ差が出始める。CPPが大きくなるほど冠動脈に血流が多く流れ、心拍再開のチャンスが増すと考えられる。ヒトを対象にしたCPRの研究では、心拍再開した傷病者のグループと、心拍再開しなかった傷病者のグループでCPPを比較したところ、心拍再開したグループの方があきらかに高かった（Paradis NA, 1990）。CPRによって、いかに高いCPPを作り出すか。それは、これまでに述べてきた正しく適切な方法で胸骨圧迫を行うことにほかならない。

3.心停止の分類と心室細動

①心停止の種類

心臓から血液が駆出されなくなること、すなわち、

「心拍出量 ＝ ゼロ」

の状態を心停止という。

では、心停止とは、心臓がどのような状態になっていることを意味しているのだろうか。

——心臓がまったく動いていなければ、心臓から血液が送り出されないことは想像に難くない。しかし、心臓が動いていても、血液が心臓から駆出されないこともある。

心電図検査の結果から、心停止は、次のように大きく4つに分類することができる。

1つめは、心静止（Asystole）である。これは、心臓が静止している状態である。

2つめは、心臓、特に心室の筋肉が、「プルプル」と痙攣（細動）するような場合である。心臓は静止している訳ではないが、本来のコーディネートされた拍動とはまったく異なり、小刻みに震えているようになっている。この場合、心臓はしっかりと血液を送り出すことはできない。この状態を"心室細動（Ventricular Fibrillation：VF）"といい、あらゆる不整脈の中でもっとも致死的なものである。放っておくと、小刻みに震えていた心筋の動きはまもなく弱まり、ピクリとも動かなくなり、心静止となる。

3つめは、無脈性心室頻拍（Pulseless Ventricular Tachycardia：Pulseless VF）である。これは心室が規則的だが異常に早い頻度で収縮するもので、やはり心室が小刻みに動いてしまうために十分な血液を送り出せず、脈拍を触れない状態である。

4つめは、無脈性電気活動（Pulseless Electrical Activity：PEA）である。これは、心臓のどこか一部がピクリと動くものの、血液を拍出するまでには至らない状態を指している。

AEDによる電気ショックが必要となるのは、2つめの心室細動（VF）と3つめの無脈性心室頻拍（Pulseless VT）である。

②心臓の1回1回の収縮はどのようにして起きるか

心臓の細胞は、それぞれが自律的に収縮する自動能という能力を持っているが、正常な心臓の収縮はそれぞれの心臓の細胞が自分勝手に収縮しているのではない。心臓にはそれぞれの心臓の細胞を刺激して収縮させる弱い電流が流れる一定のルート（刺激伝導系）がある（図10-5）。右心房の近くに電気刺激を発するペースメーカーである洞結節といわれるところがあり、そこから発せられた電気刺激がこの刺激伝導系に流れ、電気刺激を受けた部分から心臓の筋肉が順次収縮をする。その結果、心臓全体として調和のとれた、リズミカルで、コーディネートされた1回の収縮が行われ、心臓は全身に効率よく血液を送り出すことができるのである。このような心臓の電気的な活動を体表面から記録したものが心電図（図10-6）である。

この電気信号が乱れて、異常なリズムで心臓が収縮する状態が不整脈である。不整脈にはいろいろな種類があるが、もっとも危険で致命的なものが、「心室細動」といわれる状態である。

心室細動では、心室のあちこちが刺激伝導系のコントロールから逸脱して自分勝手に1分間に300回以上不規則に収縮を行い、まるで心臓が痙攣しているようになってしまう。心室細動では、心電図は波形がひどく乱れているのがわかるであろう（図10-7）。また心室頻拍は、心室の一部の細胞が異常をきたし、心室内で電流

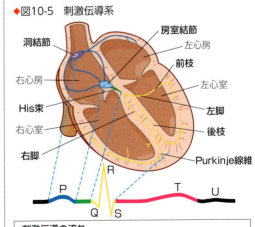

◆図10-5　刺激伝導系

刺激伝導の流れ
1. 洞結節から刺激が発生
2. 刺激は心房内の経路を通り、房室結節へ
3. 房室結節、His束へ伝導
4. 右脚・左脚、Purkinje線維を伝わり、心室筋へ伝わる

心臓の中には電気信号を伝える一定のルートがある
（高橋長雄 監修「からだの地図帳」p.44、1989をもとに作図）

がぐるぐる回るように流れてしまうために発生する。

この心室細動や無脈性心室頻拍が目の前で起きた場合、心静止や無脈性電気活動といった、ほかの心停止の場合と同じように胸骨圧迫を行うことも心拍再開のために有効であるが、もっとも有効とされるのが電気ショックである。これは機械で心臓に電気ショックを与えて、心室の細動を取り除き（電気的除細動）、心臓が持つ本来の収縮の動きを取り戻す（心拍再開）ものである。なお、1つめの心静止や4つめの無脈性電気活動については、電気ショックの対象とはならないことは前述のとおりである。

また、特に心室細動では、心静止や無脈性電気活動の場合と比較して、蘇生できた場合に傷病者が社会復帰できる可能性が高い。この心室細動に対してもっとも有効な治療法である電気ショックは、タイミングが早ければ早いほど有効であり、逆に時間が経過するにつれて成功率（蘇生率）が低下していく。心室細動発生から1分遅れるたびに、成功率（蘇生率）は約10％ずつ悪化するといわれている（図10-8）。

すなわち、心停止の傷病者が発生した場合、
1）まず胸骨圧迫を開始する、
2）心室細動（あるいは無脈性心室頻拍）によるものかを判断し、
3）心室細動（あるいは無脈性心室頻拍）であれば、できるだけ早いタイミングで電気ショックを与える

これが、心停止の傷病者を少しでも多く救命

◆図10-6　正常心電図

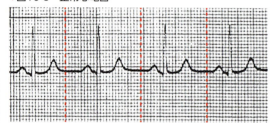

1回の収縮の電気活動は、小さな丸い波と、とがった鋭利な波と、その後に続くなだらかな波の3つのパートから構成される。この心電図では心臓の拍動にして4回分の電気活動が記録されている

◆図10-8　心室細動—電気ショック成功率の時間推移

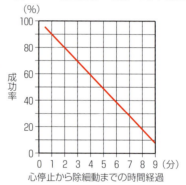

心停止から除細動までの時間経過

1分ごとに約10％ずつ成功率は低下していく。そのため電気ショックのタイミングは早いほどよい結果が期待できる
(American Heart Association 「AHA心肺蘇生と救急心血管治療のための国際ガイドライン2000日本版」p.72, 2000：Larsen MP, et al.：Predicting survival from out-of-hospital cardiac arrest：a graphic model. Ann Emerg Med 1993, 22：1652-8.をもとに作図)

◆図10-7　心室細動の心電図

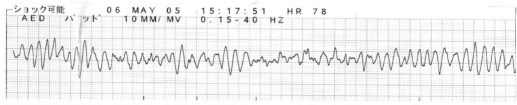

正常心電図と比較すると、不規則な、ギザギザした波形になっている。心臓の電気刺激の伝わり方がまったく乱れていることから、心臓の拍動がコーディネートされていないことがわかる

し、さらに社会復帰を果たすうえで重要なことである。

4.心室細動からの救命におけるAEDの必要性

ところが実際には、救急車を要請してから救急救命士が現場に到着するまでの時間は、前述したように平均8.6分を要している。目の前で発生した心室細動に対して電気ショックを行おうとしたとき、救急隊の到着を待っていると成功率は90％も低下してしまうのである。

たとえば、市街地から離れたプールであったらどうであろうか。心室細動（あるいは無脈性心室頻拍）から確実に傷病者を救命し、社会復帰を期待するためには、もはや救急車の到着を待ってはいられない。すなわち現場で、そこに居合わせた者が心臓への電気ショックを行うことが必要となる。

特別な資格を持っていない者（いわゆる一般市民）が電気ショックを行うことを可能にしたAED（Automated External Defibrillator：自動体外式除細動器、図10-9）の意義はここにある。傷病者の心停止の原因が、電気ショックの適応である心室細動（あるいは無脈性心室頻拍）かどうかについては、一般市民が判断することはできない。しかし、AEDは心電図を自動的に解析し、救助者に対して電気ショックを行うべきかどうかを伝えることができるのである。電気ショックの必要があれば、救助者はAEDの音声メッセージどおりに電気ショックを実施するためのスイッチを押せばよい。

このAEDの導入によって、目の前で発生した心室細動（あるいは無脈性心室頻拍）に、電気ショックを早期に実施することが可能になった。AEDは現在、駅、学校、体育館といったさまざまな公共施設に配備され、その総数は2010（平成22）年に32万台を超えた。一般市民によりAEDによる電気ショック施行の件数も増加してきた。2005（平成17）年には一般市民によるAEDによる電気ショック施行は92件だったが、2014（平成26）年には11,664件まで増加した。

また、一般市民によりAEDによる電気ショックが施行された症例の1か月後の社会復帰率は、2005（平成17）年には23.9％だったが、2014（平成26）年には43.3％となっている（総務省消防庁「平成27年版　救急・救助の現況」）。

◆図10-9　AED（Automated External Defibrillator：自動対外式除細動器）

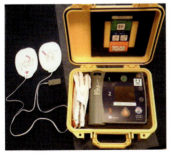  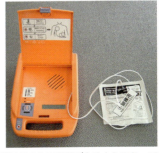

国内で普及されているAEDは機種によって、電源ボタンと押すこと、またはカバーを開けることで電源が入るようになっている。各種共通して、電源が入ると音声メッセージが流れAEDの操作方法がわかりやすく説明され、誰もが簡単に操作できるようになっている

4 一次救命処置の実際

1. 溺水における一次救命処置の原則

　ここでは、BLS（図10-10）の基本実技を学んだ者を対象とし、溺者（溺水による窒息で意識を失った傷病者）に対して行うBLS（図10-11）を取り扱う。

＊

　溺水とは、人が水中・海中に浸かったり沈ん

◆図10-10　成人に対するBLSアルゴリズム

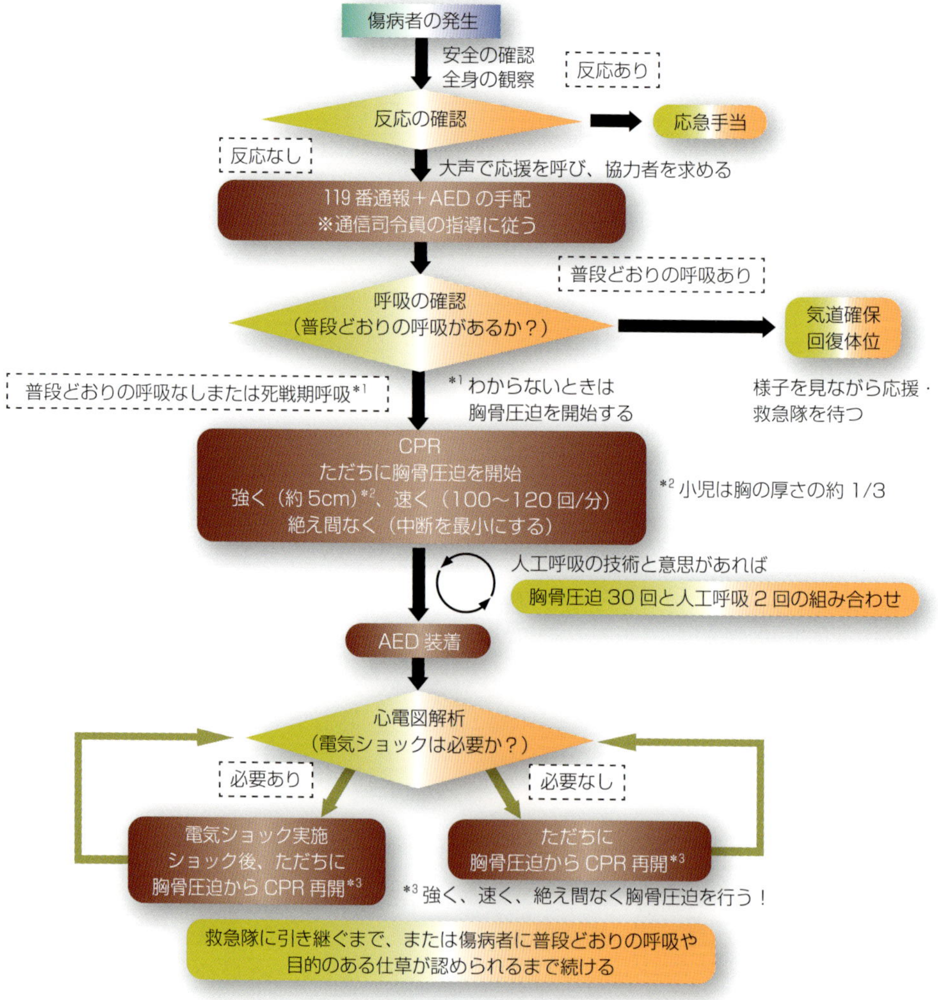

傷病者の発生
↓
安全の確認
全身の観察
↓
反応の確認 →[反応あり]→ 応急手当
↓[反応なし]
大声で応援を呼び、協力者を求める
↓
119番通報＋AEDの手配
※通信司令員の指導に従う
↓
呼吸の確認
（普段どおりの呼吸があるか？） →[普段どおりの呼吸あり]→ 気道確保　回復体位
　　　　　　　　　　　　　　　　　　　　　　　様子を見ながら応援・救急隊を待つ
↓[普段どおりの呼吸なしまたは死戦期呼吸*1]
*1 わからないときは胸骨圧迫を開始する
↓
CPR
ただちに胸骨圧迫を開始
強く（約5cm）*2、速く（100〜120回/分）
絶え間なく（中断を最小にする）
　　　　　　　　　　　　　*2 小児は胸の厚さの約1/3
↓
人工呼吸の技術と意思があれば
胸骨圧迫30回と人工呼吸2回の組み合わせ
↓
AED装着
↓
心電図解析
（電気ショックは必要か？）
├[必要あり]→ 電気ショック実施　ショック後、ただちに胸骨圧迫からCPR再開*3
└[必要なし]→ ただちに胸骨圧迫からCPR再開*3
*3 強く、速く、絶え間なく胸骨圧迫を行う！
↓
救急隊に引き継ぐまで、または傷病者に普段どおりの呼吸や目的のある仕草が認められるまで続ける

だりする状況で、呼吸ができなくなり、そのために意識を失い、心肺停止となることである。

したがって、溺者が水中に没している時間が長かったり、うつぶせの状態で顔が水中に没した状況で発見されたりした場合は、溺者は意識がなく溺水による呼吸停止であると判断し、"呼吸原性の心停止" としてただちにCPRを開始する（図10-11）。

溺水の場合は、血液中の酸素が減少し、心筋や脳への酸素供給が途絶えた状態であることが

◆図10-11　溺者に対するBLSアルゴリズム

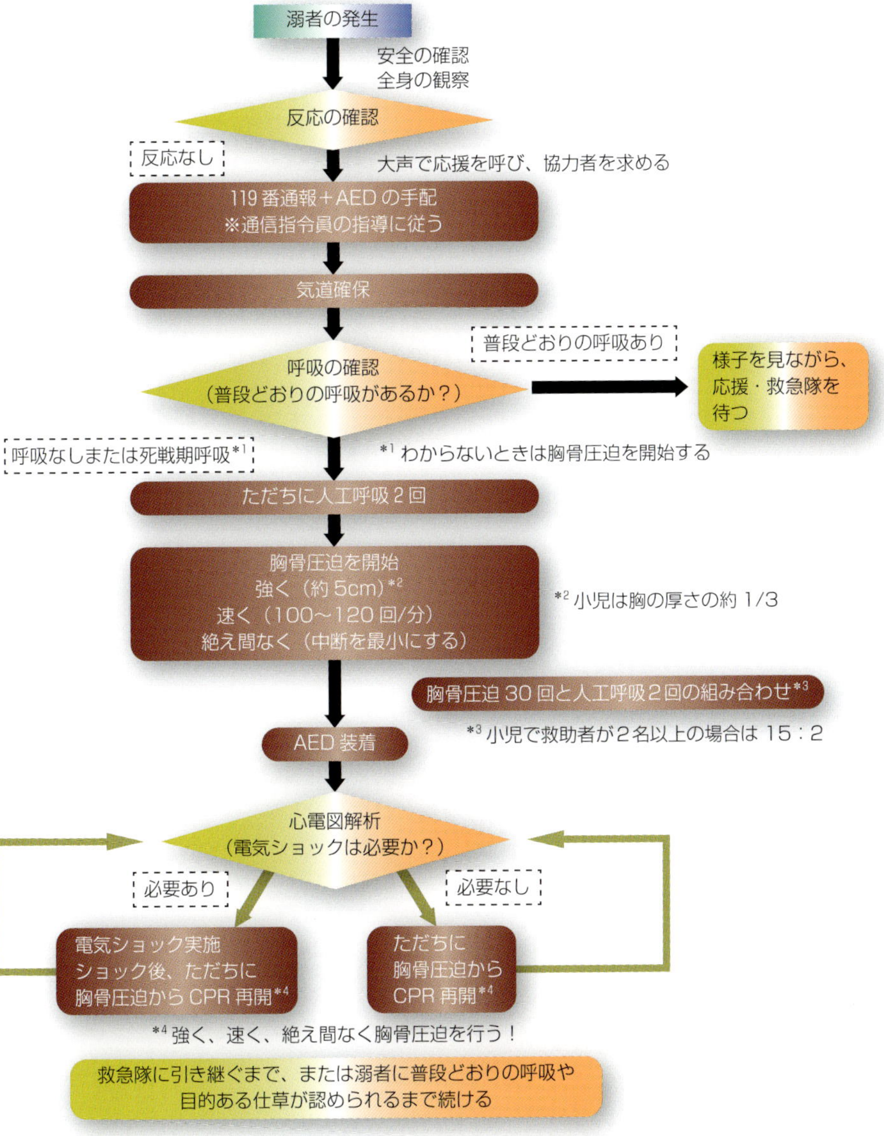

```
溺者の発生
　↓　安全の確認
　　　全身の観察
反応の確認
　│反応なし　　大声で応援を呼び、協力者を求める
　↓
119番通報＋AEDの手配
※通信指令員の指導に従う
　↓
気道確保
　↓
呼吸の確認　──普段どおりの呼吸あり──→ 様子を見ながら、応援・救急隊を待つ
（普段どおりの呼吸があるか？）
　│呼吸なしまたは死戦期呼吸*1　　*1 わからないときは胸骨圧迫を開始する
　↓
ただちに人工呼吸2回
　↓
胸骨圧迫を開始
強く（約5cm）*2　　　　　*2 小児は胸の厚さの約1/3
速く（100〜120回/分）
絶え間なく（中断を最小にする）
　↓
　　　　　　　　　胸骨圧迫30回と人工呼吸2回の組み合わせ*3
AED装着　　　　　*3 小児で救助者が2名以上の場合は15：2
　↓
心電図解析
（電気ショックは必要か？）
　│必要あり　　　　　│必要なし
　↓　　　　　　　　　↓
電気ショック実施　　ただちに
ショック後、ただちに　胸骨圧迫から
胸骨圧迫からCPR再開*4　CPR再開*4
*4 強く、速く、絶え間なく胸骨圧迫を行う！
　↓
救急隊に引き継ぐまで、または溺者に普段どおりの呼吸や
目的ある仕草が認められるまで続ける
```

考えられるため、いち早く人工呼吸による酸素供給が必要である。ただちに気道確保をしたうえで、最初に人工呼吸（2回の吹き込み）を行い、その後、速やかに胸骨圧迫と人工呼吸（30：2）を繰り返し行わなければならない。

2. 溺水、またはそれが疑われる人に対する一次救命処置の実施手順

①反応（意識）の確認—反応はあるか

反応（意識）の確認とは、人間が外からのさまざまな刺激に対して、どのように反応するかである。脳の働きによって意識は正常に保たれているが、意識（脳の働き）に障害があると、たとえば眼が開いていないこともある。このときに大声で呼びかければ眼を開くこともあれば、痛みや刺激を加えても覚醒しないこともありうる。意識障害がある状態にはさまざまなレベル（程度）があるが、BLSはこの意識の確認から始まる。

溺者が発見された際に、顔を水面に伏せた状態であったり水没したりしている状態であれば、すでに意識を失っている（正常ではない）ことがわかる。救助する際に、覚醒することがなく、身体の一部（手足など）を動かしたり、言葉を発したり、目的のある動作がなされなかったりすることがわかれば、反応（意識）なしと判断する。そして、緊急時対応計画（EAP）を実行し、協力者やほかのプール・ライフガードの応援を呼ぶとともに、ただちに119番通報とAEDの手配を行う。

一方、溺者が覚醒した（反応がある）場合には、心停止になっていることはない。この場合は、溺者の観察を続け、いつ心停止になっても対応できるように呼吸の状態に留意しながら、119番通報とAEDの手配をし、救急隊の到着を待つ。

反応（意識）を確認する方法は、溺者の耳元で「もしもし、大丈夫ですか?」と大きな声をかけながら、同時に肩を数回叩き、反応（意識）があるかを確認する（図10-12）。反応（意識）がなければ大きな声で協力者やほかのプール・ライフガードを呼ぶ（図10-13）。

②119番通報（救急車の要請）とAEDの依頼

溺者に反応（意識）がないと判断した場合は、溺者から離れずに協力者を求め（図10-13）、119番通報とAEDの依頼をする。通報する人、AEDを持ってくる人など、あらかじめ

◆図10-12　反応（意識）の確認

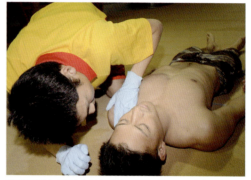

溺者の耳元で声をかけながら、肩を叩いて反応（意識）を確認（反応があるか確認）する

◆図10-13　協力者の要請

協力してくれる人に、119番をして救急車の要請と、近くにAEDがあれば持ってきてもらうように依頼する

複数のプール・ライフガードが対応している場合には、協力者の依頼は省略してもよい。溺者が水中にいるのであれば、救助に向かったプール・ライフガードがEAP実行を発動し、救助を行う。EAP実行の発動を受け、チーフ・ライフガードまたはほかのプール・ライフガードは、状況の把握と同時に速やかに119番通報を行う。

③気道の確保と呼吸の確認(観察) =心停止の判定

1) 気道の確保

呼吸原性の心停止が疑われる溺者に対しては、速やかに気道の確保を行い、換気の改善を図る必要がある。

気道確保は、頭部後屈・顎先挙上法を用いるが、顎先挙上は、2本指で行う基本の方法(図10-14▼①)、または下顎をしっかりつかむことができるピストル・グリップで行う方法(図10-14▼②)がある。どちらの方法でもできることが望ましい。

BLSでは、気道確保の際の顎先挙上の方法として、人差し指と中指の2本の指先で顎先を上方に引き上げる方法で行うことを基本としている。しかし、溺水のBLSにおいては、顎先を親指、人差し指、中指の3本でしっかりつかんだ状態で気道確保を行う、ピストル・グリップが有効である。この方法は、強い力で顎先をしっかりとつかむことができるため、溺者の皮膚が濡れていても滑らず、溺者の下顎全体を上方に持ち上げる"下顎挙上"ができる。

また、前述の胃の内容物が逆流した場合に、2人で溺者を横向きにする際にも、1人が両手で気道確保をしたままの状態で頭部全体を確保できるため、プール・ライフガードはこの方法も行えるようにするべきである。この場合には薬指、小指が喉を圧迫しないように注意する。

なお、小児・乳児など体格が小さい場合には、顎をつかんでいる指が邪魔になり、人工呼吸が吹き込みにくくなる場合もあるので、その際は2本指の顎先挙上を行うとよい。

◆図10-14 気道確保

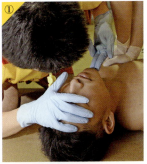

①額に置いた手で頭部後屈と、2本指で行う顎先挙上

②頭部後屈とピストル・グリップで行う顎先挙上(下顎挙上)

◆図10-15 呼吸の確認

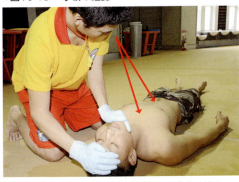

気道確保をしたまま、溺者の胸部と腹部の動きを見る

2）呼吸の確認

呼吸の確認は、気道確保を保持しながら、救助者自身が上半身を起こして溺者の身体を上から見渡すような姿勢で胸部、腹部をよく観察する。このとき、普段どおりの呼吸（規則正しい一定のリズムで息を吸ったり吐いたりする繰り返しの動作）で胸部や腹部がふくらんだりへこんだりするかどうかを観察する（図10-15）。呼吸の確認に要する時間は、短か過ぎても長過ぎてもいけないので、10秒以内とする。

呼吸をしていない場合や、一見呼吸をしているように見えても普段どおりの呼吸が確認できない場合（死戦期呼吸）は、心停止と判断する。判断に自信がもてない場合も、心停止とみなす。

〈死戦期呼吸〉

死戦期呼吸とは、"しゃくりあげる"または"あえぐ"ような不規則な呼吸であり、心停止直後の溺者（傷病者）ではしばしば認められる。瞬間的に口を開いて息を吸い込むような動きをした後に、ゆっくりと息を吐くような動きをする。正常な規則正しいリズムでの（普段どおりの）呼吸では認められない動作で、このような異常な呼吸のパターンを示す場合には心停止と判断して、CPRを開始する。

3）普段どおりの呼吸がみられた場合

呼吸の確認により、胸部や腹部が一定のリズムで繰り返しふくらむ動きが観察された場合は、正常な呼吸があると判断する。

この場合は、溺者を回復体位（図10-16、図10-17）にして観察を続ける。

回復体位とは、溺者を横向き（側臥位）に寝かせ、気道を確保し、胃内容の逆流が起こっても口から自然に流れ出て、窒息をしない安定した体位である。観察中に普段通どおりの呼吸がみられなくなった場合は水平位に戻し、ただちに

◆図10-16　回復体位

①1人がしっかりと頭部を確保し、もう1人が肩と腰を持ち、脊柱（特に頚椎）が自然な位置を保つように丁寧に横向きにする

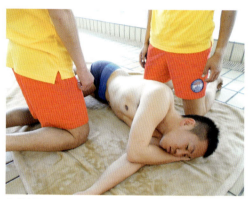

②背中側についた救助者は溺者の身体を大腿部でしっかり支え、もう1人は観察を続ける

◆図10-17　救助者が1人の場合の回復体位

溺者の肩と腰を持ち、脊柱（特に頚椎）が自然な位置を保つように丁寧に横向きにした後で、頭部を支えながら移動させる

胸骨圧迫からCPRを開始する。

［回復体位のとらせ方］

溺者を横向き（側臥位）に寝かせ、上側になっている膝を前方に出し、上側になっている腕の肘を曲げ、手のひらを下に向けて溺者の頬の下に差し入れる。なお、溺者の口をやや下に向かせ、胃内容の逆流による窒息を防ぐ。

④人工呼吸2回

（呼吸の確認を行い、普段どおりの呼吸がないことを確認したのち）心停止と判断したら、成人のBLSでは、ただちに胸骨圧迫からCPRを行うが、溺水の場合はいち早く肺に空気を送り込む必要があるため、気道確保を保った状態で、ただちに人工呼吸2回を行う。

救助者自らの吐く息（呼気）を溺者の口から吹き込む方法（口対口：マウス・トゥ・マウス）または、鼻から吹き込む方法（口対鼻：マウス・トゥ・ノーズ）で、1回の吹き込みは、溺者の胸が軽くふくらむ程度の量を約1秒間かけて行い、それを2回連続して行う。

［人工呼吸の方法］

1) 頭部後屈と顎先挙上、あるいはピストル・グリップで、気道確保をする。
2) 額を押さえている手の親指と人差し指を使って、溺者の鼻をつまむ。
3) 救助者自らの口を大きく開いて溺者の口を覆うようにふさぎ、息が漏れないように密着させた状態で呼気を吹き込む。レサシテーションマスクやフェイスシールドを用いる場合も同様に密着させて呼気を吹き込む（図10-18）。救助者は溺者の胸を見ながら、約1秒間かけて溺者の胸が軽くふくらむのがわかる程度に呼気を吹き込む。呼気を吹き込みながら胸がふくらむのを見ることは、適正な量での吹き込みができ、人工呼吸が正しく行われていることを自ら確認することである。
4) （レサシテーションマスクを使用する場合を除き）息を吹き込んだ後いったん口を離し、つまんだ鼻を緩める。このとき、肺はゴム風船のように自然と縮まるので、溺者の口や鼻から吹き込んだ空気が出てくる。
5) 再度、救助者は口を大きく開き、溺者の口を覆うようにふさぎ、鼻をつまんですばやく呼気を吹き込む。1回約1秒間かけて吹き込み、これを2回連続して行う。

［人工呼吸を行う際の注意点］

1回目の吹き込みで溺者の胸が上がらなかった（吹き込みが不十分だった）場合や、吹き込むときに抵抗を感じた場合には、気道確保が的確

◆図10-18 呼気吹き込み（人工呼吸）

①レサシテーションマスクを使用した呼気吹き込み

②フェイスシールドを用いた呼気吹き込み

に行われているかを確認し、2回目を吹き込む。しかし、吹き込みは2回までとし、人工呼吸をやり直して胸骨圧迫が遅れたり、中断時間が長引いたりしないようにする。

ヒトの吐いた息（呼気）の中には、二酸化炭素の量が多く含まれているが、その呼気中にも酸素は17％程度含まれており、人工呼吸によって溺者に酸素を与えるには十分なのである。

人工呼吸では、感染防止のためのレサシテーションマスクやフェイスシールドなどを用いる（必ず表面と裏面に気をつけて使用する）。さらに両手にプラスティック製、またはラテックス製のグローブを着用することが望ましい。

呼気を吹き込むときには、確実に気道が確保されていない場合や、吹き込む量が多過ぎたり吹き込む勢いが強過ぎたりすると、吹き込んだ息（救助者の呼気）は気道ではなく食道から胃へと流れ込み、胃がふくらんでしまう。吹き込んだ息で胃が膨満すると、溺者の口腔内に胃の内容物が逆流してくるばかりか、気管から肺へと流れ込んでしまう恐れがある。また胃膨満が起こると、横隔膜が上方へ押し上げられるため、肺が十分ふくらみにくくなり、換気に障害をきたす。

◆図10-19　胸骨圧迫をするときの姿勢

胸の真ん中に置いた手の指を、重ねた手の指で組んで垂直に圧迫する。

⑤胸骨圧迫30回＋人工呼吸2回

1）胸骨圧迫

救助後の溺者に対し適切な胸骨圧迫を行うためには、水中から運んだ際に溺者を堅い面の上で水平に寝かす必要がある。一般的なBLSと方法は変わらないが、溺者のBLSの場合、胸骨の下半分（胸の真ん中）に片方の手掌基部（手のひらの付け根）を当て、もう一方の手をその上に重ね、両手の指を組んで行う方がよい（図10-19）。この方法であれば、手が濡れていても滑ることがない。

特に気をつけたいのは、圧迫の解除が不十分で胸壁が少しでも押されたままの状態では、胸腔内圧がその分高くなるため、心臓に静脈血が還りにくくなり、胸骨圧迫中の心拍出量が減少するため、必ず元の高さに戻るように力を抜くことが必要である。

また、圧迫しているときと圧迫していないときのリズムは、1：1の比率になるのがよい。1分間に100〜120回という胸骨圧迫のテンポは、心拍再開、血行動態で効果を得るために、最低限必要とされている。簡易型メトロノームなどを活用することにより、効果的な胸骨圧迫のテンポを維持できる。

［胸骨圧迫のポイント］

胸骨の下半分（胸の真ん中）を垂直に、手掌基部だけに力が加わるように圧迫する。その際に次のことに注意しながら行う。

1) 強く（約5cm沈み6cmを超えない）
2) 速く（100〜120回／分）
3) 絶え間なく（人工呼吸等による中断を最小限に）
4) 胸の圧迫を完全に解除する（胸が元の高さに戻るように）

2）人工呼吸

胸骨圧迫30回の後、すぐに2回の人工呼吸を行う。方法は最初の2回の人工呼吸と同じである。1回の吹き込みは、溺者の胸が軽くふくらむ程度の量を約1秒間かけて行い、それを2回連続して行う。うまく吹き込めなかったとしても、吹き込む回数は2回までとし、人工呼吸による胸骨圧迫の中断時間は10秒以内とする。

胸骨圧迫30回＋人工呼吸2回は、AEDが到着するまで継続する。または救急隊が到着して引き継ぎをするまでは途切れなく連続して行う。救助者が1人では体力的な限界もあり、有効なCPRが継続できない場合もある。これを防ぐためには、複数のプール・ライフガードで行うことが望ましい。

◆図10-20　2人で行うCPR

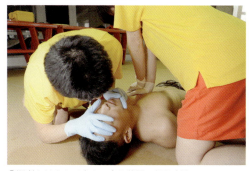
①溺者をはさんで向かい合う位置で行う方法

②2人で胸骨圧迫と人工呼吸を分担して行う方法

［複数のプール・ライフガードで行うCPR］

最初から2人以上のプール・ライフガードがいる場合は、1人が胸骨圧迫と人工呼吸を行って交代していく方法のほか、2人で胸骨圧迫と人工呼吸を分担して行う方法もある（図10-20）。

⑥AEDの装着

1）AEDの電源を入れる

AEDが到着したら、すぐにAEDの電源を入れる（図10-21▼①）。電源が入ると自動的に音声が流れ、次に行うべきことが指示される。AEDの操作は、すべてその音声ガイダンスに従って進めればよい。

※AEDの機種によっては本体のカバーを開けると自動的に電源が入るものがある。

2）電極パッドを貼り付ける準備をする

溺者が衣服を身につけている場合には、前胸部の衣服を取り除く。衣服が簡単に取り除けないようであれば、ハサミなどを使用する。衣服を取り除いたら、皮膚が濡れていないか、ペースメーカーなどが埋め込まれていないか、貼り薬などはないかを確認する。皮膚の表面が水で濡れていると、電気ショックの効果が減衰するために、乾いたタオルなどで拭き取る（図10-21▼②）。問題がなければ（濡れていない、ペースメーカーが埋め込まれていない、貼り薬などが貼られていない状況であれば）、「よしっ！」と指差し確認をする（図10-21▼③）。

3）電極パッドを貼り付ける

AEDのケースに入っている電極パッドを収納袋から取り出し（図10-21▼④）、溺者に2枚の電極パッドを貼り付ける。電極パッドは、心臓を右上から左下方向へはさむような位置で、1枚は胸の右上（鎖骨の下で胸骨の右）、もう1枚は胸の左下側（脇の下5～8cm下、乳頭の左斜め下）に貼り付ける（図10-

21▶⑤）。なお、AEDの装着の間もCPRは中断しない。

※ペースメーカーなどが埋め込まれている場合は、それを避けた位置に電極パッドを貼り付ける。また、貼り薬などがある場合はそれをはがし、薬剤を拭き取った後に電極パッドを貼り付ける。

4）コネクターをAED本体に挿し込む

コネクターを挿し込み、AEDの心電図解析が始まったら、CPRを中断する（図10-21▶⑥）。

※AEDの機種によってはあらかじめ本体と電極パッドがコードでつながっているものもある。この場合はコネクターを挿し込む動作は省略される。

⑦**AEDによる心電図解析**

電極パッドを貼り付けてコネクターを挿し込むと、AEDが心電図の解析を始める。心電図の解析が始まったら、CPRを中断する。

CPRを中断している間、溺者の身体に触れないようにし、AEDの音声指示があれば、すぐに「みんな離れてください！」と指示し、両手は高い位置に上げ、救助者も溺者の身体から離れて後ろに下がる。このときに、誰も溺者に触れていないことを確認する（図10-22）。

◆図10-21　AEDの装着

AEDの電源を入れる

皮膚の表面の水を拭き取り、パッドを貼り付ける準備をする

電極パッドを取り出す

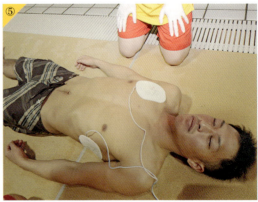
電極パッドを貼り付ける

⑧AEDによる電気ショック

　AEDは電気ショックが必要な場合、「電気ショックが必要です！」という電気ショック指示のメッセージを出し、自動的に充電を行う。充電が完了すると、電気ショックボタンが点滅する（機種によって連続音がするものやボタンが点滅するものなどがある）ので、溺者の身体に誰も触れていないことを確認し、電気ショックボタンを押して電気ショックを実行する（図10-23）。

　電気ショックボタンを押すことで、AEDから一瞬で強い電気が流れ、溺者の身体がビクッと突っ張るような状態になる。

◆図10-22　AEDによる心電図解析

AEDによる心電図解析中は、身体に触れて動揺を与えてはならない

◆図10-23　電気ショックの実行

誰も触れていないことを確認し、電気ショックボタンを押す

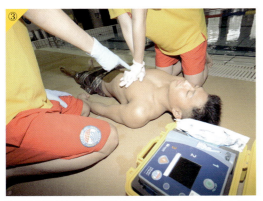

胸部の位置を確認し、問題がなければ、「よしっ！」と指差し、声を出す

◆図10-24　電気ショック後のCPR

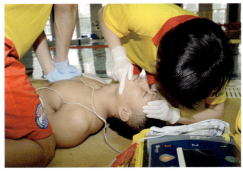

胸骨圧迫からCPRを再開する

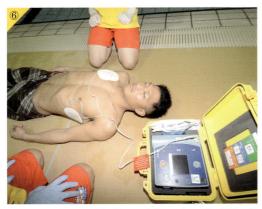

コネクターをAEDに挿し込み、音声メッセージの指示に従い、CPRを中断する

⑨電気ショック後のCPR

　電気ショックの後、音声の指示を待たずにただちにCPRを胸骨圧迫から行う（図10-24）。その後、2分ごとに再びAEDが心電図の解析を行う。電気ショックが必要な場合であればAEDによる電気ショックを再度行い、ショック後はCPRを胸骨圧迫から繰り返し行う。

3．一次救命処置を行う際の注意点

①「電気ショックの必要なし」の意味

　AEDの電源を入れ、電極パッドを装着して心電図の解析が行われた後に、AEDが「ショックは不要です！」というメッセージを発することがある。

　これは、心拍が再開して心臓の本来の電気的活動が回復した場合と、心拍の再開はしておらず心静止または無脈性電気活動（心電図が心室細動、無脈性心室頻拍のいずれでもない場合）のいずれかである。呼吸を観察して心拍が再開しているかを評価する。溺者に普段どおりの呼吸が観察されれば、心拍が再開していると考えられ、溺者を回復体位にして観察をする。しかし、普段どおりの呼吸が確認できなければ、心停止（心電図が心静止または無脈性電気活動）であり、ただちに胸骨圧迫を開始し、CPRを継続する。

②AEDの電源と電極パッドの扱い

　一度入れたAEDの電源は、たとえ溺者に普段どおりの呼吸が戻っても、途中で切ってはならない。同様に、一度貼り付けた電極パッドも途中で取り外してはならない。

　AEDの電源を切ることも、電極パッドを取り外すことも医療機関で医師によって行われる。AEDは装着後より心電図計として溺者の症状を記録し、医師の診断や治療の手助けとなる。AEDによって定期的に心電図の解析がされることで、再び心停止におちいっても必要に応じて電気ショックが必要であるかないかが判断され、電気ショックが必要な場合には自動的に充電され、電気ショック指示の音声メッセージを出す。

③CPRを中止してよい条件

　CPRは、溺者の救命をするうえで中断せずに継続することが大切である。質の高いCPRを継続するためには救助者の交代が必要だが、CPRを中止してよい場合は次の場合である。

1) CPRを行っている最中に、溺者が救助者の手を払いのけるなど、目的をもった動作やうめき声などが認められたり、十分な自発呼吸が確認できたりしたとき。
2) 救急隊や医師が到着し、CPRを引き継いでもらえるとき。
3) 救助者に危険が迫り、CPRの継続が困難になったとき。

④胸骨圧迫のみのCPR

　胸骨圧迫と人工呼吸とを繰り返すのがCPRであるが、やむをえず人工呼吸ができないような状態の場合は、CPRを中断するのではなく、胸骨圧迫のみでも継続して実施することが望ましい。

⑤溺者にAEDを装着するうえでの注意点

　溺者にAEDを装着する場所がプールサイドの場合には、電極パッドが濡れた床面に接していないことを確認し、電気ショックの際の感電や不具合が生じないように十分留意することが求められる。

5　吐物への対応

■1.心肺蘇生中の吐物

　溺者に対するCPRの途中に、胃内容物が逆流することは多い。その際には、すばやく横向きにして液状異物が流れ出るように、口を下向きにする。その後、固形物など口腔内に残っていないかをのぞき込むように見て確認し、必要に応じてかき出し、再び水平位に戻してCPRを胸骨圧迫から再開する。

■2.吐物への対応

①溺者をすばやく横に向ける

　溺者をすばやく横向きにし、液状異物が流れ出やすいように口を下に向ける（図10-25）。
　横向きにする際に、頚椎に（頭部と体幹部の）ねじれが生じないようにする。

②吐物を口内からかき出す

　液状の異物は流れ出るようにし、最後に口腔内を目視で確認し、固形異物があれば指先でかき出す（図10-26）。

◆図10-25　溺者を2人で横向きにする

1人がしっかりと頭部を確保し、もう1人が肩と腰を持ち、脊柱（特に頚椎）が自然な位置を保つように丁寧に横向きにする（体位変換）

◆図10-26　吐物を口内からかき出す

AEDの管理とメンテナンス

　AEDの設置されている場所では、必要なときにいつでも誰でも活用できることを明示しておく。AEDが設置されている施設の入口にはAEDマークを掲示し、緊急時に設置場所がすぐにわかるようにしなければならない。
　また、AEDは使用していなくてもバッテリーが消耗するため、バッテリーの交換時期を把握しておく必要がある。電極パッドも有効期間が決められており、定期的な交換が必要である。AED本体のインジケーターランプの色や表示によって、バッテリーの消耗状態がわかるようになっている機種もある。
　もちろん、AEDは機器であり、取り扱いを誤れば故障もありうる。保管場所や保管方法などに留意し、定期的な点検も忘れてはならない。なお、AEDは、一度でも使用されることがあれば、医療機関まで外されることなく移動されるため、各プール施設では複数のAEDを常備することが望まれる。

6　気道異物除去

1.気道に異物が詰まるとは

　気道に異物が詰まると、呼吸ができない（呼吸困難）状態となり、窒息してしまう。異物の種類や大きさにより、突然声が出せなくなったり、（せまくなった気道を空気が通る際に生じる）異常音がしたりする。完全に上気道が閉塞してしまった場合には、声も出ないし、チアノーゼが出てくる。また、窒息のサイン（choke sign）ともいえる、喉をかきむしるようにして、もがき苦しむ動作が見られることもある。物を口に入れやすい小児・乳児や、喉の反射の鈍った高齢者に多く見られる。

　異物が詰まったかどうかがわからない場合でも、人工呼吸を行った際に、抵抗が大きく空気が入らない場合も気道異物が疑われる。

　気道が異物によって閉塞した場合は、緊急性がきわめて高く、いかに短時間で取り除けるかが生死を分ける。いずれの場合も救急車を呼ぶ必要がある。

2.異物除去の方法

　異物を取り除くもっとも効果的な方法は、傷病者自身が咳をすることである。
意識のある成人や小児の気道異物による窒息では、まずは咳をすることを促すように声をかけ、そのうえで背部叩打法、腹部突き上げ法を試みるべきである。

　異物による上気道閉塞の症例で、50％ほどは1つの手技だけでは異物を除去できなかったという報告があり、異なる手技を組み合わせて行うことが効果的とされている。1つの方法で数回繰り返し行っても閉塞が解除されない場合は、もう1つの方法に切り換えて、閉塞が解除されるまで行うべきである。

①背部叩打法

　傷病者の頭を低くさせ、前胸部を片手で抑えながらもう一方の手の手掌基部で背中の真ん中（左右の肩甲骨の間ぐらい）を数回叩く（図10-27①）。

　立ったままや座ったままではできない場合には、横向きに寝かせて救助者の大腿部に傷病捨を引き寄せて支えながら叩く（図10-27②）。この方法は傷病者自身に咳を促す意味でも有効である。

◆図10-27　背部叩打法

①前胸部を片手で抑えながら、気道異物除去を行う

②横向きでの気道異物除去を行う

小児の場合では、すばやく抱きかかえて頭部を下げて行うか、片膝をついてしゃがみ、大腿部で支えながら前屈みの姿勢にしたまま背中を叩く。

② 腹部突き上げ法
（ハイムリック法：abdominal thrusts）

プール・ライフガードは、傷病者を後ろから抱きかかえるようにし、傷病者の上腹部（臍のすぐ上、みぞおちより下方の位置）に手拳の親指側を当て、もう一方の手でその手拳を覆うようにする。手拳を上腹部内側上方へ瞬間的に突き上げるように両腕を引き絞るように圧迫する（図10-28）。

③ 胸部突き上げ法

胸骨圧迫と同じ方法で、胸の真ん中を圧迫する方法である。これは、身長が高かったり肥満だったりして傷病者の後ろからでは効果的な腹部突き上げができない場合や、妊婦の場合に傷病者を水平に寝かせて行う。

④ 指によるかき出し法（フィンガースイープ法）

指を使って口腔内の異物を直接かき出す方法である。意識のない成人や小児の異物除去に有用である。ただし、異物を押し込んでしまう可能性があるので、水平位（仰向け）の状態では行わないようにする。

3. 乳児の異物除去

乳児が反応（意識）のある場合には、頭部を下げて背部叩打法と胸部突き上げ法を行う。気道の閉塞が解除されるまで、これら2つの方法を数回ずつ繰り返し行い、途中で反応（意識）がなくなった場合は、ただちに胸骨圧迫からCPRを開始する。

なお、成人や小児と異なり、乳児の異物除去では腹部突き上げは行わない。

① 乳児への背部叩打法

乳児の顎を手でしっかりと持ち、その前腕の上に乳児の胸と腹部を乗せて頭部が少し下がるようにし、もう一方の手の手掌基部で背中の真ん中を叩く（図10-29）。

② 乳児への胸部突き上げ法

手のひら全体で乳児の後頭部をしっかりと持ちながら、片方の前腕の上に乳児を仰向けに頭部が少し下がるようにのせ、もう一方の手の指2本で胸の真ん中を強く数回連続して圧迫する（図10-30）。

◆図10-28　腹部突き上げ法（ハイムリック法）

①立位で気道異物除去を行う

②座位で気道異物除去を行う

◆図10-29　乳児への背部叩打法

頭部が少し下がるようにして、背中の真ん中を叩く

◆図10-30　乳児への胸部突き上げ法

頭部が少し下がるようにして、指2本で胸の真ん中を強く数回連続して圧迫する

7 アドバンス・プール・ライフガードによる一次救命処置

■1.アルゴリズム

　日本ライフセービング協会(JLA)においては、日頃訓練を重ねて経験を積んでいるアドバンス・プール・ライフガードを熟練救助者と捉え、熟練救助者による溺者へのBLSおよびPBLSを次のアルゴリズムにおいて実施することを推奨する（図10-31、次頁）。

■2.一次救命処置の実施手順

①呼吸の確認＝心停止の判断と気道確保

　溺者（傷病者）に反応がなく、呼吸がない場合あるいは異常な呼吸が認められる場合は、心停止と判断し、ただちにCPRを開始する。

　一般市民の救助者が呼吸の有無を確認するときには気道確保を行う必要はなく、胸と腹部の動きの観察に集中するが、医療従事者や救急隊員などは気道確保をしてから呼吸の確認を行う。

　アドバンス・プール・ライフガード（熟練救助者）は、救急隊員と同様に、呼吸の確認時には、まず気道確保をしてから行うことが求められる。さらに、溺者の呼吸を確認しながら、同時に頸動脈の脈拍の有無を確認してもよい（図10-32。市民救助者が脈拍の有無を確認することによって心停止を判断する方法は、信頼性に欠けるため推奨されていない）。ただし、脈拍の確認を呼吸の確認と同時に行う場合でも、10秒以上かけないようにする。

　脈拍の有無に自信がもてないときは、呼吸の確認に専念し、呼吸がないと判断した場合には速やかに人工呼吸2回を開始する。脈拍の確認のために迅速なCPRの開始を遅らせてはならない。溺者のCPRはただちに2回の吹き込み（人工呼吸）を行い、その後、速やかに胸骨圧迫30回と人工呼吸2回を繰り返し行う。

　まれに、溺者（傷病者）に普段どおりの呼吸はないが脈拍を認める場合がある。このような場合には、6秒に1回（10回／分）のペースで人工呼吸を行う。さらに、脈拍が確認できなくなり、再び心停止が疑われるような変化があった場合に、胸骨圧迫の開始が遅れないようにするために、アドバンス・プール・ライフガードは頻回の脈拍確認を行う。

②普段どおりの呼吸が確認された場合

　溺者（傷病者）に普段どおりの呼吸を認められたときは、回復体位で気道確保したまま、救急隊の到着を待つ。できれば、毛布や大型のバスタオルなどの上に溺者を寝かせて保温ができるようにする（毛布の上に寝かせていれば、搬送時に担架やストレッチャーにものせやすい。図10-33）。

　この間、溺者（傷病者）の呼吸状態を継続して観察し、頻回の脈拍確認を行い、普段どおりの呼吸が認められなくなった場合には、ただちにCPRを開始する。

　救助者が1人でCPRを行っていて、その者が応援を求めるためや119番通報をするために、やむをえず現場を離れるなどの際には必ず溺者を回復体位に保つ。

③特殊な環境でのBLS

　ここでは、水上での場合を紹介する。

あきらかに溺水と判断される溺者に対して、水上で呼気を吹き込む人工呼吸は有効である（図10-34）。これはアドバンス・プール・ライフガード以上の熟練した救助者が、レスキューチューブなど救助者の浮力を確保できる救助器材を用いて救助に向かった場合である。1回の吹き込みに約1秒かけて胸がふくらむ程度の量を連続して2回ほど行う。ただし、救助者の安全が十分に確保された状態であり、トーイング（溺者を泳いで引っ張る動作）に時間を要するこ

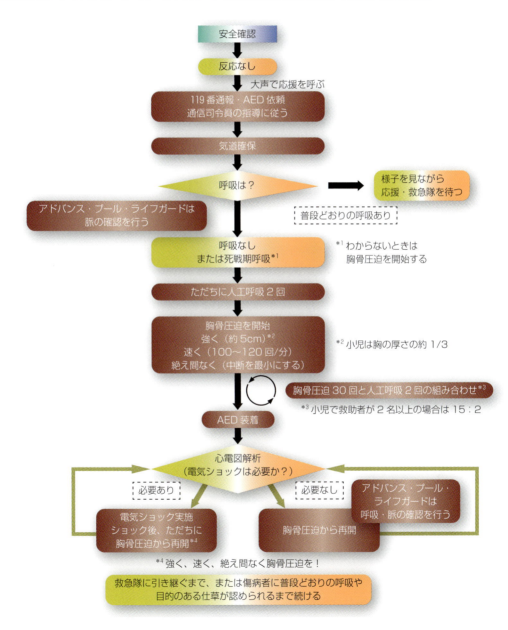

◆図10-31　アドバンス・プール・ライフガード（熟練救助者）による溺者へのBLSアルゴリズム

とが想定されるか、ほかのプール・ライフガードが応援のために現場に到着する場合のみに行い、無理をしてはならない。

溺者の低酸素状態をいかに早期に改善するかが溺水の場合の蘇生の成否に大きくかかわるため、人工呼吸による酸素化と換気に重点を置いた蘇生をできるだけ早期に行うのが理想的であり、水上で呼気を吹き込む人工呼吸を行う。

いずれの場合も、いち早く陸上での安定したBLSが行えるように、速やかに効率よく救助しなければならない。また、感染防止の対応ができない場合には無理をしない。水中での胸骨圧迫は、有効な圧迫ができないだけでなく、溺者ならびに救助者に危険が伴うため、行わない。

④胸骨圧迫の中断

胸骨圧迫30回＋人工呼吸2回を繰り返し行う場合、人工呼吸の際には胸骨圧迫が中断されている状態になる。1人で行う場合には、有効なBLSを行ううえで胸骨圧迫と人工呼吸のスムーズな移行ができるようにしなければならない。

救急隊に協力して胸骨圧迫を行う場合、救急救命士により気管挿管などの高度な気道確保が行われていれば、人工呼吸中も中断することなく胸骨圧迫を実施する。

⑤感染防護具を用いた人工呼吸

人工呼吸では、できるだけ感染防護マスク（レサシテーションマスク、図10-35・左）を用いて行うことを推奨する。鼻と口を同時に覆う形状であるため、呼気の吹き込みの際に鼻をつまんだりふさいだりする必要はない。

そのほか、口内へ逆流防止弁を差し入れる形状のものや、顔の口に当てる部分のみが呼気を通す不織布となっているシート（フェイスシールド、図10-35・右）を用いる方法がある。これらの感染防護具は、使用する際にシートの上

から溺者（傷病者）の鼻をつまみ（またはふさぎ）、口からしっかりと呼気を吹き込む。収納袋から取り出す際など、取り扱いに時間を要することがあるが、人工呼吸が大幅に遅れをとらないような確実な吹き込みができなければならない。

⑥AEDの取り扱い

BLSの手順においては、AEDの電源を入れてAEDの音声指示を聞いてから、AEDの音声指示どおりにパッドを装着したりコネクターを差し込んだりすることを基本としている。

しかし、アドバンス・プール・ライフガードにおいては、AEDを装着し解析するまでの操作は、AEDの音声指示を待たずに速やかに

◆図10-32　呼吸の確認と脈拍の確認

気道確保のうえで、呼吸の確認をしながら頸動脈で脈拍の確認を行ってもよい

◆図10-33　回復体位（救助者が2人の場合）

溺者の保温のため、毛布や大型のバスタオルの上に寝かせる

行って構わない。ただし、AEDが心電図の解析を始めたら、誰も溺者に触れないように必ず離れなければならない。このときにAED本体も溺者に触れていてはならない。

⑦心電図の解析後
1）電気ショックが必要な場合
AEDが心電図の解析を行い、電気ショックが必要であるかを判断した後「ショックが必要」という音声指示があれば、AEDがショックのための充電をする。電気ショックボタンが点滅をしたら、誰も触れていないのを確認したうえで速やかにボタンを押し、電気ショックを実行する。電気ショックを1回実施したら、ただちにCPRを胸骨圧迫から行う（再開する）。

2）電気ショックが必要でない場合
AEDが心電図の解析を行い、電気ショックが必要でないと判断した場合は、呼吸の確認を行い（脈拍の確認も同時に行うのも可）、普段どおりの呼吸がなく脈拍が確認できなければ、ただちにCPRを胸骨圧迫から行う。

その後、再び心電図の解析が行われた場合も、AEDの音声指示にもとづき、同様に行う。

3）CPR（胸骨圧迫と人工呼吸）の交代
CPRの交代は、胸骨圧迫をしているプール・ライフガードに疲労が迫った場合、または（約2分ごとの）AEDの心電図解析がされ、電気ショックが必要であるかないかの判断の後、電気ショックが必要である場合は電気ショック後、または電気ショックが不要である場合は音声指示の後に、CPRを再開するタイミングで交代を行う。なお、この際にCPRの中断があってはならない。常に質の高い胸骨圧迫と人工呼吸が継続されることが重要である。

⑧そのほか
BLSの実施中に、一般利用者などが救助中のプール・ライフガードに近寄ってきて救助の妨げとなることがある。救助中に、たとえばAEDからの音声指示が聞こえなくなることがあってはならないため、手当を行っている場所については、一時的に立ち入り制限を設けることが必要な場合もある。

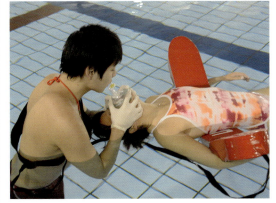

◆図10-34　水中での人工呼吸

溺者をレスキューチューブにのせたまま、水上で人工呼吸を行う

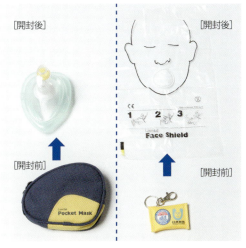

◆図10-35　レサシテーションマスク（左）とフェイスシールド

8 小児・乳児の一次救命処置

■1.一次救命処置における小児と乳児

①小児と乳児の定義

小児・乳児の一次救命処置のことをPediatric Basic Life Support（PBLS）という。

ここでは、小児と乳児を次のように分類する。
・小児…1歳～思春期以前（目安として中学生まで）
・乳児…1歳未満

一般市民が行うPBLSは、成人の場合と基本的には同じBLSアルゴリズムで進める(図10-10)。しかしながら、出産後の子どもを抱えた親や保育士などは、一般市民ではあるものの、小児・乳児に対するBLSを身につけておく必要性があるだろう。また、プール利用者の多くが小児であることを考えると、プール・ライフガードも同様にPBLSを身につけておく必要がある。

②小児と乳児の実際

小児・乳児へのCPRとAEDの使用は、ここで紹介するPBLSで行うことが望ましい。しかし、実際には小児・乳児に対するCPRは、年齢により身体の大きさや体型が異なるために多少の相違点がある。特に、体格には個人差があるので、年齢による区分は目安と考えてほしい。

なお、国内における小児の死因の第1位は「不慮の事故」であり、自動車事故や自転車事故、異物誤飲・誤嚥、溺水、火災などが含まれる。小児・乳児の心停止は、窒息などでの呼吸停止に引き続いて起こることが多い。プール・ライフガードとしては、特に溺水による窒息に着目し、その予防に努める必要がある。

■2.小児・乳児への一次救命処置の方法

反応（意識）の確認を行い、反応（意識）がない場合には、協力者を求め、ただちに119番通報とAEDの手配をする（協力者がいない場合は自らが119番通報を行い、近くにある場合にはAEDを取りに行く）。

普段どおりの呼吸があるかどうかを観察して、普段どおりでなければ、心停止と判断する。これは成人のBLSの場合と同様であり、この場合はただちにCPRを胸骨圧迫から行う。（BLSでは30回の胸骨圧迫の後、人工呼吸〔2回の吹き込み〕を行うが、）PBLSでは最初の胸骨圧迫を開始してから準備ができ次第（30回を待たずに）、早急に人工呼吸（2回の吹き込み）を開始する。溺水の場合は、普段どおりの呼吸がなく心停止を疑ったら、ただちに気道確保し、2回の人工呼吸を行う。

■3.小児への一次救命処置の手順

①周囲の状況の観察

小児が倒れていたら、まず周囲の状況を把握する。
・発見時の状況・場所
・二次事故の危険性
・原因　ほか

②反応（意識）の確認

小児の頭部側の手を床面につけ、低い姿勢になり、耳元で大きな声をかけながら肩を叩く（図10-36）。

③協力者を求める

　反応がなければ、ただちに手を振りながら大声で叫び、協力者（ほかのプール・ライフガード）を呼ぶ（図10-37）。

1）反応がない ⇒ 「誰か来てください！」

　手を大きく振りながら大声で叫んで、協力者またはほかのプール・ライフガードを呼ぶ。

　協力が得られたら、119番通報とAEDの手配を依頼する。「反応がない」ということは、意識がないだけではなく、呼吸停止や心停止が疑われるため、救助者自らはその場でCPRを開始する。

※協力者がいない場合は、自ら119番通報を行い、AEDの設置場所が近くであれば取りに行く。設置場所がわからない、または遠い場所である場合はその場でCPRを開始する。

2）反応がある ⇒ 観察を続ける

　反応があった場合でも、刺激を与えるのを止めると、目をつむる、視線が合わないなどの状況がみられる場合は、意識障害が疑われ、さらに観察が必要となる。

④呼吸の確認

　普段どおりの呼吸があるかどうか（心停止の状態であるかどうか）を判断するために、呼吸をみる。具体的には、胸部と腹部の動きを観察し、呼吸数、呼吸の深さ、呼吸のリズムなどをみる（図10-38）。

　普段どおりの呼吸でない場合は、心停止と判断する。判断には10秒以上かけない。

〈平均的な呼吸数〉
・未就学児…20〜30回／分
・乳児　…30〜40回／分

⑤胸骨圧迫

　普段どおりの呼吸がみられない場合は、ただちに胸骨圧迫を開始する。

◆図10-36　反応（意識）の確認

「○○ちゃん！、大丈夫？」と声かけする

◆図10-37　協力者を求める

手を大きく振りながら、大声で「誰か来てください！」と叫ぶ

◆図10-38　呼吸の確認

胸部と腹部の動きを観察する

圧迫部位は、小児は胸骨の下半分である。手掌基部を圧迫部位に置く（乳児の場合は、両乳頭を結んだ線の少し足側を2本指で行う）。両膝をつき、肩幅ぐらいを目安に開き、安定した姿勢をとる。

圧迫の方法は、強く、速く、絶え間なく、そして圧迫を完全に解除することを意識し、十分な胸骨圧迫が行えるのであれば、体格に合わせて片手または両手で行う。胸の厚みの1／3の深さを目安に、垂直に強く圧迫する。圧迫回数と速さは、1分間に100～120回のテンポで、30回連続で行う（図10-39）。

圧迫したら速やかに力を緩め、胸が元の高さに完全に戻るように圧迫を解除する。圧迫と圧迫の間は、手掌基部を胸から離さず、力を緩めた拍子に位置がずれないようにする。

※溺水のPBLS…あきらかに溺水である場合に限り、胸骨圧迫の前に2回の人工呼吸を行う。

[PBLSにおける胸骨圧迫のポイント]
1) 強く（胸の厚みの1／3を目安として、十分に沈み込む程度に強く圧迫する）
2) 速く（100～120回／分）
3) 絶え間なく（中断を最小限にして30回をリズミカルに行う。2人で行う場合は15回）
4) 胸の圧迫を完全に解除する（胸が元の高さに完全に戻るようにする）

⑥人工呼吸

胸骨圧迫を開始してから準備ができ次第、気道確保をしたうえで、2回の人工呼吸を行う（図10-40）。

小児・乳児の場合、成人に比べて呼吸原性心停止の割合が大きく、できるだけ速やかに気道確保と人工呼吸を開始することが重要である。人工呼吸の吹き込みは、1回に約1秒間かけて行う。1回の吹き込む量（換気量）の目安は、吹き込みの際に、胸が上がるのが確認できる程度とする。小児の口または鼻から呼気を吹き込む人工呼吸（口対口）で行う。

人工呼吸を行う際に、成人と同様に頭部後屈-顎先挙上法で気道確保を行い、額の手の親指と人差し指で吹き込みの際に鼻をつまみ、自分の口を大きく開いて小児の口を覆うように密着させて息を吹き込む。息を吹き込み終えたら、口を離し、つまんだ鼻を緩める。再び鼻をつまみ、口を覆って息を吹き込む（図10-41）。なお、気道確保の際に、顎先をピストル・グリップを用いてつかんでもよいが、体格が小さい小児の場合には指が邪魔になって人工呼吸が入りにくくなることがあるので注意が必要である。

※最初の人工呼吸の際、1回目の吹き込みで胸が上がらなかった（吹き込みが不十分だった）場合や、吹き込むときに抵抗を感じてうまく入らなかった場合には、気道確保が的確に行われているかを確認し、2回目を吹き込む。しかし、吹き込みは2回までとし、人工呼吸をやり直すことはしない。2回目の吹き込みの後、速やかに胸骨圧迫に移り、CPRを中断せずに行わなければならない。

*

[胸骨圧迫と人工呼吸]

成人と同様に、胸骨圧迫と人工呼吸の比を「30：2」とする。AEDが到着し心電図の解析が始まるまで、または救急隊が到着するまで胸骨圧迫と人工呼吸を繰り返し続ける。

なお、アドバンス・プール・ライフガードが2人でCPRを行う場合は、胸骨圧迫と人工呼吸の比を「15：2」として行うことが推奨される。

◆図10-39　小児の胸骨圧迫

①片手で行う方法

②両手で行う方法

◆図10-40　小児の気道確保

額に置いた手で頭部後屈、もう一方の手の2本指で顎先挙上を行う

◆図10-41　小児の人工呼吸

吹き込み量の目安は、胸が上がるのが確認できる程度とする

⑦AEDの装着

成人と同様に、AEDが届き次第、AEDの操作を優先して行う。その際にも、できるだけCPRの中断はしない（図10-42）。

乳児からおよそ6歳児までは、エネルギー減衰機能付き小児用AEDパッド、あるいは小児用モードがある場合はそれを活用する。

1）AEDの電源を入れる

AEDのケースを開き、電源ボタンを押す（図10-43）。AEDの機種により、ケースを開くことで電源が自動的に入るものもある。

2）電極パッドを貼り付ける

準備をする小児の胸部を確認し、皮膚の表面が濡れていないか、貼付薬剤がないかなどを確認する。濡れている場合は、乾いたタオルなどで水滴を拭き取る（図10-44①）。貼付薬剤（喘息治療剤や湿布薬など）があればはがし、残っている薬剤を拭き取る。

何もないことを確認できたら、「よしっ！」と指差し確認しながら声を出す（図10-44②）

3）電極パッドを貼り付ける

ここでは、電極パッドの貼り付けは胸の真ん中と背中の真ん中で心臓をはさみ込む方法で行う。

電極パッドを収納袋から取り出し、パッドに描かれた貼り付け位置を確認する（図10-45①）。

まず、小児の胸の真ん中に電極パッドを貼り付ける。その際にしっかりとパッドが貼れるように胸骨圧迫の手を持ち上げ、一瞬中断する（図10-45②）。なお、人工呼吸のときであれば中断はしない。

次に、AEDの操作をしている救助者の指示で、CPRを一時中断する。CPRを行っている者は、小児の肩と腰に手を当て横向きにする。

そして、背中側の皮膚の表面を確認する。濡れていたりしなければ「よしっ！」と指差し確認をする（図10-45③）。次に、もう1枚の

〈**PBLSにおけるAEDのパッドの貼り付け方法**〉

　6歳までの未就学児に対しては、電気ショックのエネルギーは成人よりも少ない方が安全である。そのため、エネルギー減衰機能付き小児用電極パッド（または機種により小児用モード）を使用する。

　小児のAEDパッドの貼り付け方法は、次の2つがある。電極パッドの距離が近過ぎたり、電極パッド同士が重なり合わないように注意し、次のいずれかの方法で心臓を立体的にはさみ込む位置に貼り付ける。
1)胸の右上（鎖骨の下で胸骨の右）と胸の左下側（乳頭の斜め下）に貼り付けるBLSと同様の方法。
2)心臓をはさみ込むように、胸の真ん中と背中の真ん中に貼り付ける方法。

電極パッドを背中の真ん中にしっかりと貼り付ける（図10-45　④）。

4）コネクターをAED本体に挿し込む

　電極パッドを貼り付けたら、小児を元の位置（水平位）に戻し、CPRを胸骨圧迫から再開させ、コネクターを挿し込み（あらかじめ電極パッドとAED本体がつながっている機種はそのまま）、AEDの音声指示を待つ。

⑧AEDによる心電図解析

　2枚の電極パッドを貼り付け、コネクターを挿し込むと、自動的にAEDが心電図の解析を始め、解析中であることと身体に触れないよう音声指示がされる。

　音声指示があったら、CPRを中断し、誰も小児の身体に触れないように、両手を胸の前に上げながら後ろに離れる（図10-46）。

◆図10-42　AEDの到着

持ってきてもらったAEDは頭側に置いてもらう

◆図10-43　AEDの電源を入れる

電源が入ると音声メッセージが流れ、AEDの操作方法がわかりやすく説明され、誰もが簡単に操作できるようになっている

◆図10-44　電極パッドの貼り付け準備

①胸部を確認し、水で濡れているようならば、タオルなどで拭き取る
②皮膚の表面を指差し確認しながら、「よしっ！」と声を出す

⑨AEDによる電気ショックの実行

AEDが心電図を解析し、電気ショックが必要な場合には「電気ショックが必要」であることの音声指示がされ、自動的に充電が始まり、再度、小児の身体から離れるように音声指示が出る。

電気ショック実行の音声指示が出て、電気ショックボタンが点滅したら、誰も触れていないことを確認し、電気ショックのボタンを押す（図10-47）。

⑩電気ショック後のCPR

電気ショックが実行されたことが音声で流れたら、胸骨圧迫からCPRを再開し、心拍が再

◆図10-45　電極パッドの貼り付け

① 電極パッドを収納袋から取り出す

② 胸の真ん中に電極パッドを貼り付ける

③ 背中に電極パッドを貼り付ける準備をする

④ 背中に電極パッドを貼り付け、胸側とで心臓をはさむ

◆図10-46　心電図の解析中

解析中は「みんな離れてください！」と指示し、溺者の身体から離れる

◆図10-47　電気ショックボタンを押す

身体に誰も触れていないことを確認し、ショックボタンを押す

開するまで継続する(図10-48)。AEDの電源は、たとえ心拍が再開しても切らず、パッドも外さない。AEDは一定の時間で再び心電図を解析し、CPRの中断を音声で指示する。救助者が疲れてきたら、そのタイミングで交代をする(図10-49)。

救急隊が到着するまでCPRは継続する。

4.乳児への一次救命処置の留意点

①反応（意識）の確認

反応(意識)の確認は、BLSとほぼ同様の方法であるが、乳児の場合は、「○○ちゃん！大丈夫？」と数回程繰り返して声をかけながら、足の裏を数回叩いて反応を見る(図10-50)。その際、顔をしかめたり、泣いたりするかで判断する。

②呼吸の確認（観察）

正常な(普段どおりの)呼吸をしているかどうかを胸部と腹部の動きに注目して観察する。頭部側の肘を床面につき、低い姿勢で行う(図10-51)。

③胸骨圧迫

乳頭と乳頭とを結んだ線の少し足側の胸骨上(胸の真ん中)を人差し指と中指で、または中指と薬指の2本の指で垂直に圧迫する「二本指圧迫法」で行う(図10-52)。圧迫の強さは、1回の圧迫で胸の厚さの1／3が沈む力で行う。

救助者が2名いる場合、胸郭全体を両手全体で包み込み、両手の母指で圧迫する「胸郭包み込み両母指圧迫法」(図10-53)という方法もある。

④気道確保

気道確保の方法は、成人と同様に、頭部後屈と顎先挙上で行う。ただし成人と異なり、頭部の後屈をし過ぎても気道が閉塞されるので注意する。

⑤人工呼吸

人工呼吸の方法は、救助者自身の頬をふくらます程度の量で十分であることを意識する。また、乳児は口と鼻の距離が短いので、口と鼻とを同時に覆うようにして息を吹き込む(口対口鼻人工呼吸、図10-54)。口と鼻を同時に覆えない場合は、乳児の口をふさぎ、鼻から息を吹き込む。胸骨圧迫と人工呼吸の比率（回数）は、1人で行う場合は「30：2」、2人で行う場合は「15：2」である。

◆図10-48　電気ショック後のCPR

胸部圧迫からCPRを再開する

◆図10-49　CPRの交代

2分ごとの心電図の解析の後に、胸部圧迫を交代すると中断なく行える

⑥AEDの使用

　胸の真ん中と背中の真ん中で心臓を前後ではさみ込むように貼り付ける方法で電極パッドを貼り付ける。

※2010年より乳児へもAEDの適用が拡大され、現在、薬事承認済みの機種のみが使用可能となっている。

5.小児・乳児への一次救命処置においてCPRを中断してよい場合

　BLSと同様で、次の場合以外にはPBLSを中断してはならない。

1) 嫌がって動き出したり、うめき声を出したりした場合。また、普段どおりの呼吸が現れた場合(再び、普段どおりの呼吸がなくなった場合はCPRを再開する)。
2) 救急隊や医師が到着し、引き継ぐことができる場合。
3) 救助者に危険が迫り、CPRの継続が困難になった場合。

6.アドバンス・プール・ライフガードによる小児・乳児への一次救命処置

　小児・乳児の溺者に対するCPRとAEDの使

◆図10-50　乳児の意識の確認

声をかけながら足の裏を叩く。顔をしかめたり泣いたりするかを観察する

◆図10-51　乳児の呼吸の確認

低い姿勢をとり、胸部と腹部の動きをみる

◆図10-52　乳児への胸骨圧迫（二本指圧迫法）

胸の真ん中（乳頭と乳頭とを結んだ線の少し足側）を垂直に立てた指2本で圧迫する

◆図10-53　乳児の胸骨圧迫

胸郭を包み込み、両方の親指で圧迫する方法もある（胸郭包み込み両母指圧迫法）

◆図10-54　乳児への人工呼吸

乳児の口と鼻を同時に覆うようにして呼気を吹き込む。吹き込みは、救助者の頬がふくらむ程度の量でよい

用については、年齢にかかわらず、溺者に対するBLSと手順は同様でよい(図10-31を参照)。PBLSにおける実施上の留意点も同様である。

反応(意識)の確認をした後、協力者(ほかのプール・ライフガード)を求める際には、大きな声で呼ぶだけではなく、笛(ホイッスル)の活用も有効である。水中から救助し、すでに複数のプール・ライフガードが事故を認識している場合は、PBLSの際に協力者の要請は省略してもよい。

①普段どおりの呼吸がない場合

呼吸の確認を行い、普段どおりの呼吸がない場合には、PBLSではただちに胸骨圧迫からCPRを開始する。準備ができ次第、人工呼吸を行うが、溺水の場合は普段どおりの呼吸がなく心停止を疑ったら、ただちに2回の吹き込みを行う。この際に、気道確保をしたうえで呼吸の確認を行い、同時に脈拍の確認をしてもよい(図10-55)。乳児の場合は、頸動脈での触知が難しいため、上腕動脈で確認する。

呼吸はないが脈拍が確認できた場合は、1分間に12～20回の人工呼吸を継続して行う。

脈拍が確認できない場合や脈拍の有無に自信がもてない場合で、普段どおりの呼吸がなければ、そのまま人工呼吸2回を行う。そして、胸骨圧迫30回と人工呼吸2回を繰り返し行う。プール・ライフガードが2人以上の場合は胸骨圧迫と人工呼吸のそれぞれを分担し、胸骨圧迫15回と人工呼吸2回を繰り返し行う(図10-56)。

②電気ショックを行った場合

AEDを装着し心電図の解析後に電気ショックを行った場合は、気道確保を行い、呼吸の確認をし、同時に脈拍を確認してもよい(図10-57)。

この際、普段どおりの呼吸が戻れば、CPRを中断し回復体位にして観察する。一方、電気ショック後も普段どおりの呼吸がなければ、ただちに胸骨圧迫からCPRを再開し継続する。

複数のプール・ライフガードがいる場合は、PBLSにかかわっていない者が、保温のための毛布などを用意することも大切である。

◆図10-55　呼吸の確認と脈拍の確認

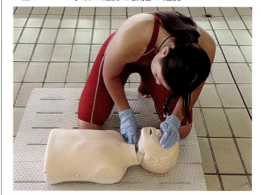

気道確保したうえで、呼吸の確認を行い、同時に脈拍の確認をしてもよい

◆図10-56　2人で行う小児に対するCPR

胸骨圧迫(15回)と人工呼吸(2回)を分担する

◆図10-57　電気ショック後の呼吸の確認

再び気道確保したうえで、呼吸の確認を行い、同時に脈拍の確認をしてもよい

プール事故と法的責任

- ▶1┄┄┄プール・ライフガードと法的責任◀
- ▶2┄┄┄法的責任とその種類◀
- ▶3┄┄┄事故後の適切な措置◀
- ▶4┄┄┄過去の事例や裁判例から学ぶこと◀

Ⅰ　プール・ライフガードと法的責任

■1.プール事故の原因と法的責任

　プール・ライフガードの任務は、人命や身体の安全にかかわる、きわめて重要なものである。そのため、プール・ライフガードは、ひとたび事故が発生した場合には、法的責任を問われる可能性があることを心に留めておく必要がある。

　プール事故の原因は、①プール設置・管理者側の要因、すなわち、施設や設備の欠陥またはプール・ライフガードの怠慢・過失、②利用者側の要因、③関係者全員がなすべきことを行っていたとしても防止することができない要因、すなわち、不可抗力によるものという3つに大きく分類することができる（p.20の第3章3を参照）。

　これらのうち、③による損害については、プール・ライフガードを含めて誰の責任も問われることがない。

　また、②は、利用者の持病および本人や保護者の不注意などである。とりわけ、利用者が施設利用規則に違反したことが原因の事故は、利用者が自ら招いた事故であるとみなされる。②による損害は、利用者側がそれを受け入れるべきであるとされる。

　そこで、プール・ライフガードは、②③の場合を除いた、①による事故の場合に、どのような作為・不作為に対してどのような法的責任が問われるのかを理解し、そのような法的責任を負わないように行動することが必要となる。

■2.労働者としての　　　　　プール・ライフガードの立場

　なお、プール・ライフガードは、アルバイトとしてプール設置者に雇用されている場合などには、労働者としての権利を保障される。たとえば、屋外プールの日陰のない場所で交代を許されずに勤務し続けた結果として熱中症にかかった場合や、セクシャル・ハラスメントまたはパワー・ハラスメントなどを受けた場合には、労働契約に基づいて使用者が労働者に対して負う「労務提供過程において、生命・身体の安全に配慮する義務」の違反として、労働環境の改善を要求したり、労働災害の申し立てをしたりすることができる。

　このような使用者の安全配慮義務の履行としての労働環境の改善には、たとえば、血液などの体液を媒介とする感染を防止するための曝露管理計画（Exposure Control Plan：ECP）の策定とそのための器材の配備なども含まれる。

2 法的責任とその種類

プール・ライフガードがなすべきことをしなかったことが原因で、事故が発生したり被害が悪化したりした場合には、プール・ライフガードは、①刑罰を科されたり、②損害賠償の支払いを命じられたり、③解雇などの懲戒処分を課されたりする可能性がある。

この場合、①の責任は「刑事責任」、②の責任は「民事責任」、③の処分は「その他のペナルティー」と分類することができる。

1.刑事責任

プール・ライフガードが、そのままでは生命や身体に危険が発生しうることを予見するべきであったにもかかわらず予見しなかったり、予見したとしても、危険を回避することが可能であったにもかかわらず回避する行動をとらなかったりした場合には、そのような過失に対する刑事責任を問われる。すなわち、予見可能性と回避可能性があるにもかかわらず、予見または回避するための注意を怠ったことによって、被害者が怪我をしたり、死亡したりした場合には、刑法に規定される業務上過失致死傷罪などに該当するとして、懲役、禁錮または罰金に処されうるのである。

プール・ライフガードが有罪判決を受けた事例は、これまで知られていない。しかし、プール管理責任者や水泳指導員が有罪とされた事例は少なからず存在することから、プール・ライフガードが刑事責任を問われる可能性も低くないことに留意する必要がある。とりわけ、救護の際に試みた手技が、十分習得したものでなかったり、うろ覚えな記憶にもとづくもので被害を拡大させたような場合、業務として被害の悪化を避けるために払うべき注意を怠ったとして、プール・ライフガードの刑事責任が問われる可能性がある。

2.民事責任

プール・ライフガードは、不適切な行為を行ったり、契約上果たすべき任務を怠ったりしたことによって利用者などに財産的または精神的な損害をもたらした場合には、それを賠償する責任を負う。

刑事裁判は、国（検察官）が犯罪の抑止と応報のため（報いをうけるため）に処罰するものであるのに対して、民事裁判は、被害者が自らの損害について回復を求める制度である。それゆえ、刑事裁判は、親告罪として告訴を要件とする場合は別として、検察官の判断によって起訴され、裁判になるのに対して、民事裁判は、加害者と被害者の間で和解が成立した場合などには、被害者がそもそも提訴しないことを選んだり、裁判が開始したとしても判決が言い渡される前に取り下げることを選んだりすることもできる。

したがって、プール・ライフガードは、民事裁判に至らないようにするためには、監視・救助・救護を適切に行うだけではなく、事故が起きた場合にも、被害者の納得を得られるように誠実な対応を心がけなければならない。

そもそもプールの安全管理上もっとも重要なことは、事故の防止である。この点で、プールの設置・管理に欠陥があった場合には、当該プールが「通常有すべき安全性」を備えていな

かったことが原因で事故が発生したとして、プール設置者が賠償責任を負うことになることを覚えておく必要がある。たとえば、プールサイドの滑りやすい部分に「すのこ」を敷くなどの転倒防止対策が講じられていないプールは、「通常有すべき安全性」を備えていないと認定される。プール・ライフガードの業務内容はプールごとに決められるが、施設や設備の点検や水質の維持などを含むことが少なくない。その場合、プール・ライフガードはプールの設置者・管理責任者が負っているプールの「通常有すべき安全性」を確保する義務を具体的に履行していることになる。

　民事上、プール・ライフガードは、次の２つの類型の責任を問われることがある。

　１つは「債務不履行」である。プール・ライフガードは、プール設置者または管理責任者に雇われている労働者であり、利用者の安全に配慮する設置者などの義務を具体的に履行するべき立場にある。それゆえ、プール・ライフガードの不注意で安全確保に欠けた場合、設置者と利用者との施設利用契約にもとづく義務の不履行となり、プール設置者・管理者の「債務不履行」の責任を発生させることがあるのである。プール・ライフガードは利用者と契約を結んでいるわけではないので、施設利用契約にもとづく債務不履行が直接問題となることはない。他方、自らが直接「故意または過失によって[利用者]の権利または法律上保護される利益を侵害した」場合には、「これによって生じた損害を賠償する責任を負う」不法行為責任である（民法第709条）。

　これら２つの責任を果たすために、プール・ライフガードは、業務を遂行する際に専門性にもとづく「高度の注意義務」を果たすことを期待される。すなわち、「現実の危険性が存在し」「その危険性が事故につながりうるという予見可能性があり」「事故の発生の回避可能性がある」場合には、事故を回避するために必要な措置を講ずる義務である。たとえば、プールの吸水口の吸い込み防止柵が外れているという危険性が現実に存在し、柵が外れていれば幼児の吸い込み事故につながりうることを（事故例などにかんがみて）予見することが可能で、柵をつけ直し、それが外されないようにビスなどで固定すれば、そこに幼児が吸い込まれて抜け出せなくなる事故を回避することが可能である場合に、プール・ライフガードは当該対策を講ずる義務を負うのである。後に述べるように、「注意義務」の水準は、専門家として不断に学習し、知識や技術をアップデートしていることを前提として認定されることから、「高度の」ものとされるのである。

　プール・ライフガードが「不法行為」責任などを負う場合には、自らの過失と因果関係をもつ範囲の損害について賠償する責任を負うことになる。冒頭で事故の原因として挙げた、③不可抗力、または②利用者側の要因も加わって損害が発生している場合には、それらが損害の発生に寄与した割合に応じて、プール・ライフガードが支払うべき賠償の範囲は限定される。

3.そのほかのペナルティー

　国公立プールまたはその指定管理者に雇用されるプール・ライフガードは、公務員または公務員に準ずる地位をもつ。そのようなプール・ライフガードは、職務を怠った場合などには、国家公務員法または地方公務員法に基づく懲戒処分を受けることがある。たとえば、プール・ライフガードの過失が主要な原因となって事故が発生した場合に、免職・降任・停職・減給・戒告などの処分である。私営のプールなどで雇用されるプール・ライフガードも、それぞれの施設で定められている就業規則にもとづいて懲戒処分を受けることがある。

3 事故後の適切な措置

■1.事故後に求められる責任ある行動

プール・ライフガードに求められる責任ある行動は、事故の防止、緊急時の対応、そして溺水者の救急隊への引き継ぎで完了するわけではない。警察の事情聴取を受けたり、関係者への説明を行ったりすることが必要となる場合もある。

それゆえ、緊急時の対策に関する緊急時対応計画(Emergency Action Plan：EAP)に加えて、事故後に事故に関する情報を誰がどのように収集し記録するか、そして、関係者に対する説明などを誰が担当するかなどを決定し、それを事故後対応計画(Incident Response Plan：IRP)に記載し、それに従ってプール・ライフガードが行動できるようにしておかなければならない。

事故の際には、事実をできるかぎり正確に認識することも重要となる。事故の原因が誰の目にもあきらかな場合には、それに応じた対応が可能である。しかし、事故の原因を特定するために時間がかかる場合もあるので、そのような場合にも、時間をかけて丁寧に事情を説明し、理解を求める真摯な対応が求められる。

■2.チーフ・ライフガードに求められること

いずれにしても、不用意な発言を避け、一貫性のある説明を冷静に行うために、関係者に対する説明などは、プール管理責任者か、その指示の下で、プール・ライフガードの中の責任者とされているチーフ・ライフガードが行う必要がある。

救助や救護などを行ったプール・ライフガードは、のちに被害者との間の紛争の当事者になりうることから、もちろん当事者として直接謝罪する必要がある場合なども含め、両者を個人的に接触させるかどうかは、チーフ・ライフガードなどが慎重に判断する必要がある。

4 過去の事例や裁判例から学ぶこと

1.不断に訓練を行うことへの責任と期待

プール・ライフガードは、任務を適切に遂行し、法的責任を問われることがないようにするため、過去の事例や裁判例から学ぶ必要がある。なぜなら、同じ過ちを繰り返さないための教訓が得られるからである。

そのような教訓のうちで、とりわけ重要なものとして、次のようなものがある。

プール・ライフガードは、知識・技術を維持・向上させるために、不断に訓練を行うことを期待される。裁判例では、研修が4年間に2回行われただけで、そのほかの訓練がまったく行われていなかった場合には、当該「プール・ライフガード」は任務を遂行する能力を十分もっていたとはいえない、としている。

日本ライフセービング協会(JLA)のプール・ライフガード資格は、ひとたびそれを取得したら、更新日まで訓練を行う必要がないことを意味するものではない。JLAの資格を取得してから更新日までの期間については、それぞれの職場で不断に訓練を行うことが期待されている。

米国でプール・ライフガード資格を発行している団体の中には、プール・ライフガードの知識・技術を確認するために、資格有効期間中に抜き打ちで査察・試験を行い、合格しない場合には再試験を受けるものとし、それにも合格しない場合には、その資格をはく奪するという制度をもつものもある。

2.最高裁が求めた「不断に研鑽を積む義務」

最高裁は、サッカーを練習しているときの落雷事故を防止する指導者の注意義務について、「平均的なスポーツ指導者」がもっていたであろう認識ではなく、「文献上の記載」などを基礎として認定される「当時の科学的知見」がそれを決めるとしている。

この判例は、それまで医師について認定されてきた「不断に研鑽を積む義務」をスポーツ指導者にも認めたものである。人の生命や安全を確保する任務を負うという点で、プール・ライフガードも医師やスポーツ指導者に準ずる専門家とも考えられることから、同じく「不断に研鑽を積む義務」が認められる可能性がある。そうであれば、プール・ライフガードは、公私の指針や関連する文献などを探し求め、それらを読み込み、それらに精通していることが必要である。

3.事例や裁判例から学ぶ際のポイント

なお、裁判例は、競泳用プールに関する基準は、水泳技術の未熟な生徒を主として想定する学校用プールの安全性判断の基準としては、そのまま妥当するものではない、とする。プール・ライフガードは、各種の基準を機械的に適用するのではなく、その基準がどのようなプールを想定しているのか、および、自らが担当するプールはどのような利用者が・どのような目的で利用するものであるのかなどを理解して、そのまま適用するべき基準と、必要な修正を行っ

たうえで適用するべき基準と、適用するべきではない基準——ほかに適切な基準を探すべきもの——を区別する必要がある。

　過去に同種の事故が発生していた事実は、事故を防止する義務を認定する根拠になる。防止措置をとらなければ事故が起こるという予見可能性があきらかに存在していたことになるからである。それに対して、事故の原因となった行為が広く行われていたにもかかわらず過去に事故が発生していなかった場合には、一見すると、事故の予見可能性がなかったと認定されやすいようにみえる。しかし、裁判例は、行為の危険性は事故例があるかどうかによって決められるものではなく、危険性があるにもかかわらずそれまでは「幸いにも」事故が発生しなかったと認識するべき場合もあり、その場合には、事故を防止する義務を否定したり軽減したりする根拠にはならないとしている。

　また、プールの管理責任者が、毎年行われてきた例を踏襲しているので、たまたま事故が起こった年の担当者だけが責任を負うべき立場にはないと主張した際に、裁判例は、そのような主張を退けて、批判的に検討することなく毎年の例を踏襲するのは「責任を放棄した態度」であり、プール・ライフガーディングに携わる者は「無責任の連鎖を断ち切り、その職責を果たす」使命がある、としている。

　裁判例は、プール・ライフガードには、「事故防止のためにいささかの気の緩みも許されないとの厳しい心構え使命感をもってその実行に遺漏のないように期す」ことが期待されるとしている。すなわち、「緊張感を欠いた」態度で「漫然と」「形式的に」業務を行うのではなく、臨機応変に業務を遂行し、手抜かりがないようにしなければならないとされるのである。

　裁判例で問題となった点として、たとえば、利用者が事前の想定よりも多くなりそうな場合には、プール・ライフガードを増員するか、入場を制限するかしなければならないこと、あるいはプール・ライフガードによる監視は、プールの水面と水中に及べば十分というわけではなく、（それを任務とする担当者がいない場合には）「プールサイドの隅々にわたるまで」及ばなければならないこと、などがある。

　危険性の高い行動をとろうとしている利用者に対して、プール・ライフガードがなすべきことについては、一方で、口頭で注意をしただけでは十分ではないとする裁判例があるが、他方で、そのような行動をとらないように1時間に1回ずつ放送で注意を喚起していたので十分であったとする裁判例もある。このような裁判例の相違は、プールの形状や水深・利用者の年齢や泳力・その他の状況に応じて、プール・ライフガードが行うべき注意の手段が異なりうることを反映している。

　裁判例は、利用者が認識しうる危険で、利用者自身が回避しうるものについては、利用者の責任で回避することが原則であるとしている。危険を自身で回避する能力のない子どもの安全についても、プール・ライフガードではなく保護者がそれを確保する「ある程度の危険回避責任」を負うとする。しかし、プール・ライフガードが責任をまったく負わないとしているわけではない。たとえば、裁判例は、保護者が子どもを常時監督するべきであることを明記している「利用心得」を配布したり、そのような心得を施設の目立つところに掲示したりすることや、適切な監視を行い、危険がある場合には、臨機応変に注意喚起を行うことなどを、プール・ライフガードの義務であるとしている。もっとも、この義務は利用者の「異常特殊な行動に対処し得るほど完全なものである必要はない」と断っている。

　この点で、プール・ライフガードが利用者な

どによる通報を受けて初めて事故を認知した場合にも、監視体制が適切なもので、通報に応じて適切に救助・救護を行っていれば、事故を最初に発見できなかったこと自体が過失であるとして追及されることは通常は考えにくいことも覚えておくとよい。裁判例は、ある人の近くにいる利用者には「目が白い」（白目をむいている、気絶している様子）ことが認知できる場合にも、プール・ライフガードには「手足を動かして泳いでいるように見える」ことがあることを認めており、プール・ライフガードは、第一発見者にならなかったことの責任を常に問われるとはかぎらないのである。もちろん、手足の動きがあきらかに溺水のサインであるにもかかわらず、それを見逃し、生命に危険が及ぶような場合は、プール・ライフガードの責任が問題となることもありうる。

　なお、裁判例は、利用者同士の衝突事故などについて、プール・ライフガードは、危険性の高い行為を制止するべきであるものの、適切な対策を講じていたにもかかわらず事故が発生したときにはプール・ライフガードとしての責任は尽くされており、それ以上にどちらの利用者が責任を負うべきかを判断することはプール・ライフガードの役割とはまったく別のことである。

　「法は不可能を強いることがない」といわれる。裁判例は、プール・ライフガードに超人的な働きを要求してはいない。裁判例から得られる教訓は、プール・ライフガードは、法的責任を問われることを過度におそれることなく、自己研鑽を怠らず、利用者などの生命および身体の安全を確保する使命を帯びた者として、緊張感をもってなすべきことを行うことが求められるということである。

■参考文献

- 日本ライフセービング協会編，心肺蘇生教本 JRCガイドライン2015準拠，大修館書店，2016.
- 日本救急医療財団心肺蘇生法委員会，救急蘇生法の指針2015（市民用・解説編）改訂5版，へるす出版，2016.
- 日本蘇生協議会，JRC蘇生ガイドライン2015, 医学書院，2016.
- American Heart Association（AHA：アメリカ心臓協会），AHA心肺蘇生と救急心血管治療のためのガイドラインアップデート2015, シナジー，2016.
- 日本赤十字社，赤十字救急法基礎講習教本 第5版，日赤サービス，2016.
- 日本赤十字社，赤十字救急法講習教本 第12版，日赤サービス，2016.
- 日本赤十字社，赤十字水上安全法講習教本 第9版，日赤サービス，2016.
- 日本赤十字社，赤十字幼児安全法講習教本 第9版，日赤サービス，2016.
- 日本赤十字社，赤十字幼児安全法 乳幼児の一次救命処置（市民用）第6版，日赤サービス，2016.
- 日本体育施設協会水泳プール部会，水泳プールの安全管理マニュアル—改訂第五版—，体育施設出版，2015.
- 総務省消防庁 平成27年版救急・救助の現況，2015.
- 日本ライフセービング協会編，サーフライフセービング教本 改訂版，大修館書店，2013.
- 日本体育協会，熱中症予防運動指針，2013.
- American National Red Cross, American Red Cross Lifeguarding MANUAL, Krames StayWell, 2012.
- Jill E.White, Star Guard : best practices for lifeguards 4th edition, Human Kinetics, 2012.
- 日本水泳連盟編，水泳指導教本 改訂第二版，大修館書店，2012.
- J.R.Fletemeyer, Samuel J. Freas, DROWNING : New Perspectives on Intervention and Prevention, informa healthcare, 2011.
- Lambert M.Surhone, Mariam T.Tennoe, Susan F.Henssonow, National Pool Lifeguard Qualification : Royal Life Saving Society UK, Lifeguard, Betascript publishing, 2011.
- JPTEC協議会，JPTECガイドブック，へるす出版，2010.
- Lifesaving Society, Canadian Lifesaving Manual, 2009.
- 日本学校保健会，学校における水泳プールの保健衛生管理，キタジマ，2009.
- Lifesaving Society, Alert : Lifeguarding in Action, 2008.
- Royal Life Saving Society Australia, LIFEGUARDING 4th edition, 2007.
- 日本水泳連盟編 安全水泳 第3版，大修館書店，2007.
- Ellis & Associates, International LIFEGUARD TRAININNG Program 3rd edition, 2007.
- American Red Cross, Lifeguarding, 2007.
- 日本体育施設協会ほか編 遊泳プールの安全・衛生管理の解説，体育施設出版，2007.
- 日本水泳連盟編，水泳プールでの重大事故を防ぐ，ブックハウスHD, 2007.
- Star Guard, Best Practices for Lifeguards, Starfish Aquatics, 2006.
- The Royal Lifesaving Society UK, Bronze Medallion Award : Lifesaving Skills & Techniques, 2006.
- 上田由紀子，スポーツと皮膚 アスリートの皮膚トラブルの対策とスキンケア，文光堂，2005.
- Joosr. J. L. M. Bierens, Handbook on Drowning : Prevention, Rescue, Treatment, Springer 2005.
- 青木純一郎ほか編，スポーツ生理学（体育・スポーツ・健康科学テキストブックシリーズ），市村出版，2005.
- On the guardⅡ : the YMCA lifeguard manual 4th edition, YMCA of the USA, 2001.
- Royal Life Saving Society Australia, LIFEGUARDING 3rd edition, 2001.
- National Pool and Waterpark Lifeguard training 2nd edition, Ellis & Associates, 2001.
- Lifeguard training, The American National Red Cross, 2001.
- Aquatic Rescue Professional 2nd edition, Ellis & Associates, 2000.
- Lifeguarding today, The American National Red Cross, 1995.
- Head Lifeguard, The American National Red Cross, 1995.
- National Pool and Waterpark Lifeguard / CPR Training, Ellis & Associates, Inc., 1994.
- 日本水泳連盟医・科学委員会ほか編著，水死事故，ブックハウスHD, 1993.
- On the guard : the YMCA lifeguard manual, YMCA of the USA, 1986.
- 小森栄一，水泳指導と救助法―学童(初心者)水泳指導法，溺者救助法，水上事故防止法，肢体不自由児指導法 改定新版（第11版）二宮書店，1975.
- Pia Frank, Observations on drownings of non-swimmers. Journal of physical education July-August, 1974.
- 奈良常五郎，日本YMCA史 日本YMCA同盟出版部，1959.

プール・ライフガーディング教本
© Japan Lifesaving Association, 2017.　　NDC785/viii, 199p/24cm

初版第1刷——2017年9月10日

編　　者——日本ライフセービング協会
発行者——鈴木一行
発行所——株式会社　大修館書店
　　　　〒113-8541　東京都文京区湯島2-1-1
　　　　電話03-3868-2651（販売部）　03-3868-2299（編集部）
　　　　振替00190-7-40504
　　　　［出版情報］http://www.taishukan.co.jp

装丁・本文デザイン——中村友和（ROVARIS）
本文図版——ERC
印刷所——横山印刷
製本所——牧製本

ISBN978-4-469-26827-0　Printed in Japan

Ⓡ本書のコピー、スキャン、デジタル化等の無断複製は著作権法上での例外を除き禁じられています。本書を代行業者等の第三者に依頼してスキャンやデジタル化することは、たとえ個人や家庭内での利用であっても著作権法上認められておりません。